14,80

Helma Fehrmann und Peter Weismann

Und plötzlich willste mehr

D1858355

„Ist es nicht schön, wenn zwei junge Menschen sich näherkommen?

Und plötzlich willste mehr

Die Geschichte von Paul und Paulas erster Liebe erzählt von
Helma Fehrmann und Peter Weismann

Mit Zeichnungen von
Friedrich Karl Waechter

Weismann Verlag München

5. Auflage 1983
19. bis 21. Tausend

Die Bilder sind mit freundlicher Genehmigung von F. K. Waechter und den Verlagen folgenden Titeln entnommen: *Wahrscheinlich guckt wieder kein Schwein* (Diogenes Verlag, Zürich); Waechter/Eilert, *Die Kronenklauer* (Rowohlt Verlag, Reinbek 1972); Brüder Grimm, *Der kluge Knecht* (Rowohlt Verlag, Reinbek 1972); *Rätselgeschichten* (Gertraud Middelhauve Verlag, Köln).
Umschlaggestaltung: Hansjörg Langenfass, Ismaning.
Satz: Wenschow GmbH, München.
Druck: G. J. Manz AG, Dillingen.
ISBN 3 921040 59 0

Dienstags kommen die Müllmänner

Blöd finde ich, daß wir in einer langweiligen Straße wohnen. Da ist nichts los. Es passiert absolut gar nichts. Totale Trauer. Nur dienstags, da kommen die Müllmänner. Da ist ein bißchen Lärm. Aber das ist auch alles.
Bei Kiki finde ich es besser. Die wohnt in einer Hauptverkehrsstraße. Unter ihrem Zimmer ist ein Radiogeschäft und das R leuchtet abends ihr Zimmer rot aus. Dadurch sieht man sehr schön aus. Viel schöner als sonst.
In dem Licht fand ich sogar meinen Arsch schön. Weil ich die Satinhose von Kikis Mutter anhatte. Immer wenn die weg ist, probieren wir ihre Klamotten aus. Und in der schwarzen Satinhose sah mein Arsch schön aus. Den finde ich sonst zum Kotzen.
Alles andere geht so.
Mein Mund, naja!
„Sinnlich", sagt Kiki.
„Riesenmaul!" hat Baumi gesagt.
Meine Haare laß ich jetzt noch länger wachsen.
Manchmal gefallen die mir überhaupt nicht. Dann krieg ich eine Wut und würde mir am liebsten eine Glatze schneiden. Eine Spange sieht bekloppt aus. So brav. Wenn ich einen Pferdeschwanz mache, sagt Mutti: „Endlich sieht man dein Gesicht!"
Dann mach ich den sofort wieder weg.
Kiki findet das süß, wenn ich die Haare offen trage und Ponys.
Daß mein Busen so klein ist, finde ich gut. Aber der Arsch. Der ist wirklich das Hinterletzte.
Kiki sagt, ich spinne.
Aber ich glaube, sie sagt das nur so. Wahrscheinlich würde

die den auch nicht gerne haben. Sie hat nämlich einen ganz kleinen. Den sieht man gar nicht, so klein ist der.
Auf der Straße, wenn Jungs hinter mir herlaufen, denke ich: Lieber Gott, laß sie schnell vorbeigehen. Mach, daß sie meinen Arsch nicht sehen. Und mach, daß sie nicht lästern!
Und zuhause renne ich vor den Spiegel und gucke.
Von vorne sieht er gar nicht so übel aus. Aber von hinten!
Der wackelt auch ein bißchen. Das finde ich eklig.
Von der Seite, wenn ich den Bauch einziehe, und ganz gerade stehe, und ein Bein vorstelle, und eine Hand auf der Hüfte habe, und die schwarze Satinhose anhabe, dann sieht er gut aus.
„Sexy", sagt Kiki.
„Aber immer so dastehn ist Krampf", hab ich gesagt.
Im Sport, beim Rennen – das sieht so gemein aus.
Abschneiden müßte ich den oder hungern bis ich so aussehe wie die Modemädchen. Bei denen wackelt nichts, auch nicht in Sport.
Sowieso, in Sportsachen sieht man blöd aus.
Die Mädchen, die ihre Tage haben, sind gut dran. Die können die ganze Stunde auf den Matten sitzen und quatschen. Manche kriegen viermal im Monat ihre Tage. Die turnen überhaupt nicht mehr mit. Und die Schmidt traut sich nicht zu fragen. Der ist das peinlich.
Hoffentlich krieg ich auch bald meine Tage. Bis dahin turn ich noch mit. Zum Dünnerwerden. Und dann freß ich nur noch Haferflocken, bis ich so dünn bin wie Kiki.

Die anderen interessieren uns nicht

Neulich hat Mutti gesagt, ich soll nicht erschrecken, wenn Blut in meiner Unterhose ist. Wegen der Regel. Wegen dem Kinderkriegen. Und daß ich dann eine Frau bin und kein Kind mehr. Und daß Jungs mich dann interessant finden. Aber das soll ich mir für später aufheben.

Das! Ich hab gleich kapiert, wovon die redet. „Aber", hat sie weiter geredet, „du kannst Vertrauen zu mir haben und mit allem zu mir kommen. Wir sind dann wie zwei Freundinnen, ja?!"

Ich fand das unangenehm. Die hat geguckt, als müßte sie mich trösten. Dabei haben schon viele Mädchen die Tage in meiner Klasse, und die sehen ganz lustig aus.

Wie sie das gesagt hat: *Das!*

Mit einem Gesicht, als ob sie eine dreckige Unterhose in der Hand hat. Ich wette, wenn ich das Wort *ficken* zu ihr sage, fällt die um. Auf der Stelle. Wenn ich rumfluche und „Scheiße" sage, hebt sie die Hände und sagt:

„Wo hast du nur diese Wörter her?"

Ich versteh sowieso nicht, warum sie plötzlich meine Freundin werden will. Meckert immer nur an mir rum. Mag meine Jeans nicht. Die Flicken drauf schon gar nicht. Meine ausgelatschten Turnschuhe nicht. Und meine langen Haare nicht.

„Kannst du die nicht wenigstens zusammenbinden?!"

Die Unordnung in meinem Zimmer mag sie auch nicht. Dabei finde ich immer, was ich suche. Nur sie nicht. Aber sie hat auch nichts zu suchen in meinem Zimmer.

Immer dieses Gemecker!

Na und, ich bin halt so wie die anderen.

„Die anderen interessieren uns nicht", sagt sie dann. „Du bist viel zu leicht zu beeinflussen."

Das ist dann Vatis Lieblingsthema.

„Niveau!“ sagt er. „Am Umgang der Leute erkennt man das Niveau. Du weißt, wir sind sehr tolerant. Wir lassen dich deine Erfahrungen machen. Aber mit fast fünfzehn Jahren bist du alt genug, dir deine Freunde genauer anzusehen. Du müßtest eigentlich merken, daß sie nicht zu dir passen.“
Damit meint er Kiki, meine beste Freundin. Sie paßt ihm schon drei Jahre nicht. Weil ihre Eltern unter seinem Niveau sind.
Aber das ist mir egal.

Ich soll nicht soviel denken

Bei Kiki am Ende der Straße ist ein Rummel.
Wenn wir Geld haben, kaufen wir uns Zuckerwatte.
Wenn Kiki drei verdrückt hat, wird ihr schlecht. Dann ißt sie eine saure Gurke. Und noch eine Zuckerwatte.
Ich eß lieber Zuckermandeln. Am liebsten zwei Ladungen.
Wenn uns beiden schlecht ist, gehen wir zur Walzerbahn.
Wir gehen immer zur Walzerbahn. Wegen dem Typen.
Eigentlich gehen wir nur wegen dem Typen zur Walzerbahn.
Der sammelt die Chips ein. Während der Fahrt. Bei uns bleibt er immer lange stehen.
Wenn er uns sieht, lacht er uns an. Einmal hat er gesagt: „Na, ihr Süßen!“
Das stärkste ist, wenn er uns aus dem Wagen hebt. Er legt uns die Hände um die Taille.
„Tschau!“ sagt er und grinst. Ganz weich. Er hat dunkle Haut und helle Augen.

Wenn er mich ansieht, heul ich in mir drin ein bißchen, weil ich verliebt bin. Und dann fang ich an zu spinnen.
„Ich schmeiß die Schule hin", sag ich zu Kiki, „und geh zu ihm in den Wohnwagen."
Er hat schon auf mich gewartet und sagt, daß er mich liebt. Mein Vater will mich natürlich zurückholen und kommt in den Wohnwagen. Aber er – er heißt Pepe – stellt sich schützend vor mich und sagt:
„Ihre Tochter bleibt hier. Es ist ihr freier Wille!"
Meine Familie wird mich wahrscheinlich verstoßen. Aber das ist mir egal. Er ist der einzige, der mich versteht. Er liebt mich. Wahrscheinlich denkt er ständig an mich, abends im Wohnwagen. Ich denke auch ständig an ihn, abends in meinem Bett.
Ich denke sowieso ständig. Nicht nur im Bett.
Mit Kiki kann ich denken, mit Erwachsenen nicht. Ich würde gern einem Erwachsenen sagen, was ich denke. Aber nur, wenn der zuhört. Nicht so, wie der Kahl.
Kahl ist unser Mathelehrer. Und den frage ich, warum 1 + 1 = 2 ist. Wer sich das eigentlich ausgedacht hat. Muß ja sehr pfiffig gewesen sein, der Typ. Sag ich zu ihm.
Sagt er zu mir, ob ich die Grundschule verpennt hätte.
Sag ich: Nee! Aber ich will trotzdem wissen, warum 1 + 1 = 2 ist. Es könnte ja heißen: 1 + 1 = 3.
Sagt er: Meine Art, Witze zu machen, würde er schon des längeren nicht schätzen. Ich soll seinen Unterricht mit meinen blöden Fragen nicht aufhalten. Oder mal zur Abwechslung ein bißchen nachdenken.
Dabei hab ich nachgedacht. Deswegen hab ich ja gefragt. Der hat nur nicht verstanden, was ich gedacht habe.
Nachdenken, wie nachlaufen. Das stinkt mir.
In der Schule sagen die, ich soll richtig denken. Und zuhause, ich soll nicht so viel denken.
Mein Vater denkt dafür umso mehr. Jetzt hat er sich einen

neuen Spruch ausgedacht: „Ich will dir schlimme Erfahrungen ersparen!“
Das erste Mal hat er das gesagt, als Kiki mich mit Baumi zum Kino abholen wollte. Wir standen im Flur. Er hat mitgekriegt, wie ich Baumi auf die Backe geküßt habe. Nur so. Das machen wir öfters. Aber ich bin nicht in den verknallt. Mein Vater hat wahrscheinlich sonst was gedacht.
Baumi hatte einen Schlapphut auf. Der geht immer so verrückt rum. Kiki hatte nur eine Jeansjacke an, obwohls irre kalt war. Klar, daß sie nix drüber angezogen hat. Hinten auf der Jeansjacke war ein Tiger aus Glitzer drauf. Meine Mutter war entsetzt:
„Kiki, du holst dir noch den Tod!“
„Och“, hat Kiki gesagt, „ich hab ja den Schal!“
Der hing bis zur Erde.
„Aber da unten wärmt er doch nicht!“ sagte meine Mutter.
Kiki hat am Schal gefummelt und zum Schlapphut gesagt:
„Wir müssen jetzt gehen!“
Ich wollte mir den Mantel anziehen. Da sagt mein Vater plötzlich:
„Ich möchte nicht, daß du gehst. Es ist reichlich spät.“
Und als die draußen waren, hat er gesagt:
„Das ist ja nicht normal, wie die rumlaufen.“
Und als ich anfing zu heulen:
„Ich möchte dir doch nur schlimme Erfahrungen ersparen!“
Er hat das wegen Baumi gesagt. Er hat was gegen Typen, besonders gegen solche mit Schlapphut. Er kann alle Leute, die ein bißchen irre rumlaufen, nicht leiden. Dabei kennt er Baumi gar nicht.
Ich bin in mein Zimmer gerannt und hab Nina Hagen voll aufgedreht. Die kann er auch nicht leiden, weil sie so unnormal kreischt.

Wenn Nina Hagen kreischt, denke ich:

Alter, hör auf zu quatschen. Meine Freunde sind meine Freunde.
Und quatsch nicht von Erfahrungen ersparen, wenn du eigentlich meinst, ich soll dir gehorchen.
Und sag nicht: Dich werden wir schon großkriegen. Das hört sich an wie kleinkriegen.
Aber das werdet ihr nicht schaffen.
Vorher schrei ich nämlich und heule und schmeiß die Türen.
Und dann mußt du leider wieder sehr böse werden, weil ich durch mein Benehmen wieder mal gezeigt habe, wie kindisch ich noch bin.
Und dann sagst du: Ich soll es Mutti nicht so schwer machen.
Ja, ich weiß, sie kann Streit nicht vertragen.
Ich weiß, ich bin wieder schuld, daß ihr keinen friedlichen Abend verleben könnt.
Wenn ich doch nur ein wenig einsichtig wäre. Und ein wenig mehr Rücksicht nehmen würde. Und ein wenig dankbarer wäre. Und überhaupt nicht immer so ein unfreundliches Gesicht machen würde. Und nicht immer nur meinen Willen durchsetzen wollte. Dabei wollt ihr nur mein Bestes.
Ich weiß.
Alter, du bist zum Kotzen langweilig. Wir könnten Freunde sein, wenn du nicht dauernd so eine Scheiße reden würdest.
Ich will doch mein Bestes.

Für das, was ich will, bin ich immer zu jung, und für das, was die wollen, bin ich alt genug.
Rechte und Pflichten nennt mein Vater das.

So wie am Sonntag

Ich mag den Sonntag nicht. Diese Ruhe. Zwangsruhe würde ich sagen. Ich würde gerne lange schlafen. Aber meine Mutter freut sich auf das Sonntagsfrühstück, „wo alle endlich mal zusammensitzen können“. Warum das um 10 Uhr sein muß, versteh ich nicht.

Ich quäl mich aus dem Bett und versuch am Tisch heimlich weiterzuschlafen. Mein Bruder Jens auch. Meistens klappt's nicht, weil meine Mutter schrecklich fröhlich ist und ständig was über das schöne Sonntagsfrühstück mit Vater, Mutter und Kindern hören will. Und der Tee soll gelobt werden, die knusprigen Brötchen, die himmlische Ruhe und der gut geräucherte Schinken, den wir wenigstens ihr zuliebe probieren sollen.

Mein Vater sagt nichts. Er knuspert so laut, daß mir schlecht wird. Jens sitzt mir gegenüber.

„Eßt nicht soviel“, sagt meine Mutter fröhlich, „um zwei Uhr gibts Mittagessen. Was ganz Feines. Filet mit Croquetten und Broccoli. Das magst du doch besonders“, sagt sie zu Jens.

„Ja, ja“, sagt der.

„Siehst du!“ sagt meine Mutter und verschwindet in der Küche.

Sie ruft: „Abdecken könnt ihr. Dann kann ich mich ums Essen kümmern. Damit ihr mir nicht verhungert.“

Jens und ich gucken uns an.

Mein Vater steht auf und reckt sich.

„Und jetzt die Sonntagszeitung“, sagt er.

„Knusper, knusper Brötchen, knister knister Zeitung!“ Jens guckt verzweifelt in die Teetasse.

„Weißt du, was im Kino läuft?“ frage ich ihn.

„Kino?“ Vater läßt die Zeitung sinken. „Ihr solltet wirklich

mal zuhause bleiben. Man hat ja gar nichts voneinander", sagt er und verschwindet hinter der Zeitung.
„Außerdem ist heute Sonntag. Mutti hat sich so gefreut", sagt er in die Zeitung. „Kino könnt ihr jeden Tag haben."
„Dürfen wir aber nicht!" sage ich.
„Braucht ihr auch nicht", sagt er.
„Wollen wir aber!" sage ich.
„Zeitung lesen solltest du!" Dafür reckt er sogar den Kopf aus der Zeitung. „Du bist schließlich ein angehender Bürger!"
„Das merkt hier aber keiner", sage ich.
„Weil ein angehender Bürger nicht nur an seine Rechte denkt, wie du, sondern auch an seine Pflichten."
„Wie du!" sage ich.
„Werd nicht frech!" Er liest weiter.
Jens tippt sich an die Stirn und verschwindet.
Ich bleib mit meinem Vater und der Zeitung alleine.
„Gib mir mal einen Teil rüber", sage ich. Ich hoffe, er gibt mir den letzten Teil. Den einzigen, den ich mit Begeisterung lese. Einbruch, Diebstahl, Mord und Totschlag. Geburt im Taxi. Schäferhund beißt kleinen Jungen.

Vati sagt, ich bewege mich unter meinem Niveau. Mit Kiki rede ich darüber.
Ob sie das richtig findet, für einen Mörder die Todesstrafe einzuführen, frage ich sie.
„Ja, klar!" sagt sie. „Weil, wenn jemand wen umbringt, hat der kein Recht auf was, geschweige denn auf sein Leben."
Sagt ihr Vater, sagt sie.
„Und was meinst du?" frag ich sie.
„Ich weiß nicht."
„Ich auch nicht. Ich hab schon mal so ne Wut, daß ich jemand umbringen könnte", sag ich.
„Wen denn?" fragt sie.
„Mich!"

„Spinnst du?“
„Nö“, sage ich, „aber manchmal finde ich das Leben zum Kotzen.“ Dann weiß ich nicht, warum und wozu ich lebe. Alles ist immer gleich und nichts passiert. Meine Eltern sind froh, wenn nichts passiert. Ich will, daß was passiert. Besonders am Sonntag. „Dann krieg ich einen Koller. Du nie?“
„Ich würde dann lieber jemand anders umbringen“, hat Kiki gesagt.

Vati gibt mir den Wirtschaftsteil. Ich lese.
„Haste das mit dem Blumenkohl gelesen?“ frage ich ihn. „Hier steht, 200 Tonnen oder so . . .“
„Was oder so“, unterbricht er mich.
„Blumenkohl. Sag ich doch. 200 Tonnen Blumenkohl sind ins Meer geschüttet worden, um den Preis zu halten.“
„Das hast du falsch verstanden.“ Er schüttelt den Kopf.
„Lies doch selbst. Hier stehts doch!“ Ich zeigs ihm.
„Tja“, sagt er, „das muß man unter volkswirtschaftlichen Aspekten betrachten.“
„Wieso?“ frage ich, „findest du es richtig, daß die Blumenkohl ins Meer schmeißen?“
„Richtig oder nicht. Darum gehts doch gar nicht. Wichtig ist die volkswirtschaftliche Überlegung, die dahinter steht. Werfen sie zuviel Blumenkohl auf den Markt, sinkt der Preis. Und damit der Preis nicht sinkt, werfen sie den Blumenkohl ins Meer. Wenn sie das nicht tun würden, würde das Auswirkungen auf den Auslandsmarkt, auf die Börse und auf die Währungen haben. Das sind schwerwiegende Überlegungen.“
Er gibt mir den Wirtschaftsteil zurück.
„Aber da gibts doch Länder, da hungern die Leute. In Indien zum Beispiel“, sage ich, „in Südamerika und so. Könnte man da nicht . . .“
„. . . den Blumenkohl hintransportieren? Was?!“ unterbricht er mich.

„Wieso denn nicht?“ verteidige ich mich. „Man könnte doch Lastwagen oder ganze Eisenbahnzüge damit volladen und dahin schicken, wo die Leute das brauchen.“
„Allein die Transportkosten! Denk doch mal realistisch!“
„Tu ich doch. Die Leute haben zu fressen“, sage ich.
„Zu essen!“ sagt er.
„Fressen“, sage ich.
Er guckt mich blöd an.
„Wenn man Hunger hat, heißt es fressen!“
„Das ist doch Wortklauberei.“
„Aber ich möchte trotzdem wissen, warum das nicht geht. Das mit den Eisenbahnwaggons. Was ist denn daran unrealistisch? Kinderheime, Schullandheime, Altersheime, Kantinen, die brauchen doch alle Blumenkohl. Krankenhäuser. Was hast du denn dagegen, daß die Leute zu essen kriegen?“
„Mein liebes Kind, gar nichts habe ich dagegen“, sagt er. „Du tust ja gerade so, als ob ich den Leuten das Essen wegnehme. Aber der Kostenpunkt ist das wichtige.“
„Aber warum ist es denn billiger, den Blumenkohl ins Meer zu schmeißen, als ihn zu verkaufen?“ frage ich ihn.
Er antwortet nicht. Er liest wieder.
Ich nochmal: „Ich finde es Blödsinn, Essen ins Meer zu schmeißen, wenns Leute brauchen könnten.“
„Was Blödsinn ist und was nicht, könntest du beurteilen, wenn du öfter den Wirtschaftsteil lesen würdest. Dann würdest du mit den Problemen vertrauter sein. Und ich könnte dir das dann erklären.“
„Was blöd ist, bleibt trotzdem blöd“, sage ich.
„So kommst du doch nicht weiter“, sagt er und verschwindet wieder hinter der Zeitung.

Jetzt bin ich wieder das dumme Kind, das nichts versteht. Jetzt spinn ich wieder. Aber lieber spinnen, als so vernünftig sein wie der.

Mit Oellerichs könnte ich bestimmt über den Blumenkohl streiten. Die reden über alles. Die sind sowieso ganz anders.
Paula legte sich auf ihr Bett.

Nelly darf aufbleiben, solange sie will.
Nelly muß nicht zum Abendbrot erscheinen.
Nelly muß überhaupt nie Hunger haben, wenn sie keinen hat.
Nelly darf anziehen, was sie will. Auch wenn Besuch kommt.
Bei ihr dürfen Freunde schlafen. Sogar Jungs.
Nelly hat alles, was ich nicht hab.

Paula guckte sich in ihrem Zimmer um.
Diese blöden Möbel wollte ich nie haben. Den Kleiderschrank nicht. Das eklige Kosmetiktischchen mit dem runden Spiegel nicht, den Schreibtisch nicht, die Kommode nicht. Und das Bett mit den dünnen Beinen erst recht nicht. Nur weil Mutti sich so ein Zimmer immer gewünscht hat, muß ich jetzt damit leben. Edelbirkenholz.
„Ein helles freundliches Zimmer, genau das Richtige für eine angehende junge Dame!"
Nelly hat Matratzen auf der Erde.
Nelly hat eine indische Decke.
Nelly hat ein Bücherregal aus Brettern und Steinen und ein Regal, wo sie ihre Klamotten reinschmeißt.
Ich darf nicht mal Aufkleber an den Kleiderschrank pappen.
Nelly darf vor dem Einschlafen Kerzen anmachen und lesen.
Sie darf lesen und Musik hören.
Sie darf auch Schularbeiten machen und dabei Musik hören.
Ich, dachte Paula, ich darf nur lesen oder nur Musik hören oder nur Schularbeiten machen. Weil der Mensch sich nur auf eine Sache richtig konzentrieren kann – Blabla!

Nelly kann selbst entscheiden, ob sie ins Kino gehen will oder woanders schlafen. Oder zuhause bleiben.
Paula drehte sich auf den Bauch.
„Scheißsonntag! Scheißeltern!"

In den Ferien fand Mutti die Oellerichs noch „ganz reizend". Und wie die ihre Kinder erziehen, fand sie „hochinteressant". Nur, wenn ich jetzt davon anfange, flippt sie aus.
„Das sieht dir ähnlich, daß du der Nelly alles nachmachst. Seitdem wir aus Dänemark zurück sind, spielst du verrückt. Ich bin nur froh, daß sie nicht in unserer Nähe wohnen. Und wenn die hundertmal Nelly erlauben, Matratzen auf der Erde zu haben. Ich erlaube es nicht!"
Ich würde meinen Kindern alles erlauben, dachte Paula. Ich würde auch so sein wie Frau Oellerich und die Haare so lang tragen, auch mit fünfunddreißig und vier Kindern. Und ich würde meinen Mann auf der Straße küssen und lustig sein wie die.
Mit ihrem Mann würde sie viel streiten. So streiten wie die Oellerichs. Nelly hat ihr das erzählt: Die streiten bis sie zufrieden sind, bis sie die Wahrheit rausgefunden haben.
Paula stellte sich vor, sie könnte mit ihren Eltern streiten bis sie zufrieden ist. Oder wenigstens über Unzufriedenheit reden. Die würden sofort sagen: „Aber du hast doch alles! Was willst du denn noch?"

Paula legte Bob Marley auf.
Eins weiß ich, dachte sie. Ich bin erst zufrieden, wenn ich dem Schrank die Türen abgerissen hab. Wenn ich alle Möbel silber angesprüht habe. Wenn ich meine Aufkleber drauf habe und vom Bett die Beine ab. Und dann mach ich eine Sitzecke aus Matratzen. Und wenn die Kopf stehen. Ich mach das!

Das bin alles ich

Ich träume, ich kann fliegen.
Ich fliege über Wälder und Seen. Ich bin nackt. Langsam schwebe ich herunter. Ich segle dicht über den Baumspitzen. Die Blätter kitzeln mir den Bauch und streicheln meine Musch.
Ich mache eine Zwischenlandung auf einer Wolke. Ich rutsche auf ihr rum. Es ist weich.
Ich fliege über einen See. Ich kann mich spiegeln in ihm. Ich drehe mich und sehe mich von allen Seiten. Ich guck mir in die Augen und verliebe mich in mich und tauche zu mir in mein Spiegelbild.

„Wie du wieder aussiehst!"
In den Augen meiner Mutter sehe ich ganz anders aus. In ihren Augen sehe ich nicht schön aus.
Wenn ich mich gut finde, sieht sie mich böse an. Als ob ich etwas tue, was nicht erlaubt ist. Ich fühle mich ertappt. Ihre Augen stören mich.
Sie ist nicht in mich verliebt. Das sehe ich in ihren Augen.
Wenn ich nackt bin, guckt sie nicht hin. Als ob sie nicht sehen will, daß ich nackt bin, daß ich einen Arsch habe, Busen, Haut und eine Musch.
Meine Musch übersieht sie ganz sicher.
Ich sehe sie mir im Spiegel an. Ich mache sie mit den Fingern auf. Ich mag, wie es weich und feucht ist. Und wie es riecht.
Das bin alles ich.
Da gehts rein in mich.
Manchmal denke ich, ich sehe etwas Verbotenes.
„Das ist sehr empfindlich und tut sehr weh, wenn es sich entzündet. Faß da nicht rein", hat meine Mutter früher gesagt.
Manchmal denke ich, ich sehe etwas Verschwiegenes. Meine

Mutter verschweigt es jedenfalls. Sie hat nicht mal einen Namen dafür. Sie sagt nur: da unten. Und auch nur, wenns sein muß. Wenns um meine Tage geht. Und wenns um Sauberkeit geht. „Das ist dein Waschlappen für unten."
Wenn sie von „da unten" redet, krieg ich ein komisches Gefühl. Als wär die Musch nur für Sauberkeit und die Tage und fürs Kinderkriegen da.
Vielleicht kann sie ihre Musch nicht leiden.
„Sieht deine auch so aus?"
„Riech mal. Riecht das bei dir auch so?"
Das hab ich früher mit meiner Freundin oft gemacht.
„Heb dir das für später auf!" sagt meine Mutter. Als ob ich meine Musch weglegen kann. Und wenn der Richtige kommt, dann darf ich sie wieder haben.
Und was hab ich solange von ihr? Ich will sie jetzt haben.
Weil sie weich ist.
Weil sie warm ist.
Weil es schön ist, wenn ich sie streichel.
Weil ich spüre, wie sie gruschelig und heiß wird.
Weil es ein schöner Schauer ist, wenn ich am Kitzler reibe und meine Musch von innen spüre.
Weil es warme Wellen macht im Bauch und auf der ganzen Haut.
Weil es so ist, wie im Traum, wenn ich fliege und die Blätter vom Baum streicheln meinen Bauch und meine Musch.

Diktat-
Schreib-
Anstalt

Paula fragt den Pfarrer: „Sie haben doch eben gesagt, Gott ist überall?"
Der Pfarrer nickt.
„Dann könnt ich doch auch in den Wald gehen und in der Natur Gott finden. Brauch ich doch nicht in die Kirche?!"
Der Pfarrer guckt sie an. Er hat aufgehört zu nicken.
Olaf, das Stinktier, fängt an zu kichern.
Kiki neben ihr hält sich die Hand vor den Mund. Spuckt Krümel in die Kekstüte.
„Spinnst du?"
So hat Paula die Frage nicht gemeint. Sie wollte fragen. Richtig ernst fragen. Sie guckt zum Pfarrer. Der sagt immer noch nichts.
Paula kommt sich blöde vor. So schlau findet sie die Frage jetzt auch nicht mehr. Aber eine Antwort hätte sie trotzdem gerne.
Hinter ihr pfeift jemand durch die Zähne. Sie dreht sich um. Da sitzt Hansa. Hansa, von dem alle schwärmen. Weil er aussieht wie Cat Stevens. Ein blonder Cat Stevens. Wieso ist der plötzlich in ihrem Konfer?
Wie der sie anguckt!
So hat sie mal ein Mann angeguckt. Auf der Straße. Sie ist schnell weitergegangen.
Oder ob Hansa gedacht hat: Na, die stellt vielleicht kindische Fragen!
Paula guckt Hansa an. Der hat ja blaue Augen! Also doch nicht blaugrüne wie Kiki immer behauptet.
Sternchenaugen, denkt sie und dreht sich schnell wieder nach vorne. So ein Kitsch!
Der Pfarrer sagt: „Kann ich jetzt fortfahren?"

Paula guckt aus dem Fenster. Blauer Himmel. So blau wie Hansas Augen.
Paula dreht sich wieder um. Der guckt. Der guckt wirklich immer noch. Der macht einen Kußmund zu ihr.
Paula schielt zu Kiki. Wenn die das gesehen hat, spinnt die sofort wieder einen Liebesroman zusammen: Hansa und Paula.
Aber der hat bestimmt andere.
Kiki hat nichts gesehen. Kiki döst. Knabbert Kekse. Knistert mit der Tüte.
Paula reißt Kiki die Tüte aus der Hand.
Kiki macht nicht einmal die Augen auf. Sagt gelangweilt: „Kannste haben. Schmecken sowieso beschissen."
Paula schiebt sich drei Kekse auf einmal in den Mund. Der Raum wird ihr zu eng. Der Himmel immer blauer. Die Fenster sind zu. Olaf, der Stinki, hat schon wieder gepupst. Paula hält Kiki die Nase zu.
„Hier ist Stinkeluft. Merkst du das nicht?"
„Das kommt vom lieben Gott." Kiki döst weiter.
Die anderen hängen auf ihren Stühlen und versuchen zu schlafen. Trauergemeinde! Wollen die hier verblöden?
Paula dreht sich um zu Hansa. Die Augen von dem sind wahnsinnig.
„Willste auch einen Keks?"
Er nimmt einen und sagt: „Thank you!"
Jetzt sieht er nicht mehr aus wie Cat Stevens. Aber stark sieht er trotzdem aus.
Paula muß kichern. Kiki döst immer noch. Paula schubst sie vom Stuhl.
„Bist du ausgeflippt?"
Paula nickt.

„Ey, Paula, kommste mit auf die Matten?"
Marlene stand an der Eingangstür zur Turnhalle und winkte.
Paula nickte und sie hievten sich auf den Stapel Bodenmatten.
„Hier stinkts." Marlene rümpfte die Nase und legte sich auf den Rücken.
Paula legte sich auf den Bauch und schaute den andern beim Korbball zu . . .
„Warum turnst'n du nicht mit?" Marlene guckte an die Decke.
„Warum schon", sagte Paula. „Darum!"
„Also, ich erzähl nicht jedem, wann ich meine Tage habe."
Marlene tippte sich an die Stirn. „Und der Ziege schon gar nicht!" Sie guckte zur Schmidt. „Was geht die mein Intimleben an?" – „Haste das mitgekriegt, wie die ein Attest von mir haben wollte? Ich hab gedacht, jetzt gehts los. Das gibts doch, daß Frauen ihre Tage unregelmäßig haben. Oder?" Sie schaute Paula an. „Du doch auch, oder?"
Paula nickte: „Aber nicht so unregelmäßig wie du!"
Marlene grinste: „Ich hab meine Tage eigentlich immer. Jedenfalls immer gerade dann, wenn wir turnen. Kann ich was dafür? Ich hab ihr vorhin das Attest gegeben. Ein halbes Jahr darf ich nicht mitturnen. Die hat vielleicht geguckt. Mir egal. Oder?"
Marlene wollte nicht mitturnen. Wegen der Fönfrisur. Und dem Schwitzen. Wegen dem Schwitzen noch mehr. Weil sie Schwitzen eine Sauerei findet. Und wegen Harald. Weil der sie jeden Tag von der Schule abholt.
Marlene räkelte sich: „Mir ist egal, wie einer aussieht. Der Charakter ist wichtiger."
Sie drehte sich auf den Bauch.

„Aber Pickel darf er nicht haben und ne Brille auch nicht. Außer Sonnenbrille. Und größer muß er sein als ich." Marlene schaute sie an. „Oder?"

So ein Blödsinn, dachte Paula. „Weiß nicht", sagte sie. „Warum?"

„Harald ist größer als ich", schwärmte Marlene. „Pickel hat er nicht und ne Brille trägt er auch nicht. Hast du schon mal Intimspray genommen?" Marlene stieß Paula an.

Paula schüttelte den Kopf. „Nee, du?"

„Nehm ich jetzt immer." Marlene wühlte in ihrer Handtasche. „Willste mal riechen?"

Paula hielt sich die Nase zu: „Iiiih!"

„Na, denn nicht. Ist sowieso scheißteuer." Marlene sprühte sich unter das T-Shirt. „Ich mach das nämlich überall hin", erklärte sie. „Nicht nur unten. Eigentlich ist es nur für unten. Aber ich mach es auch oben. Weil dann überall der gleiche Duft ist. Du kannst dir auch einen Set kaufen. Mit Seife und Dusch-Gel und Körperpuder und so. Aber das ist noch teurer. Muß sowieso schon betteln gehen bei meiner Alten. Jetzt probier doch mal!"

Marlene hob Paula das T-Shirt hoch und sprühte sie auf den Bauch. „Stinkt schön, oder?"

Sie guckte die Spraydose an.

„Wenn das alle ist, kauf ich mir die rosane. Die rosane riecht zarter, hat meine Mutter gesagt. Und das paßt besser zu meinem Typ. Ich bin ein zarter Typ. Oder?"

Sie schaute zu Paula. „Zu dir würde mehr das grüne passen. Das ist für den herben Typ. Wild und herb. Du bist mehr der wilde, herbe Typ. Oder?"

Paula war sich nicht sicher, ob sie grün-wild-herb gut fand. Rosa und zart hört sich besser an. Zart wie Marlene. Blond wie Marlene. Paula sah schmale Augenbrauen. Gezupft. Sah schwarzumrandete Augen, die langen schwarzen Wimpern. Puppenaugen. Rouge auf den Wangen, glänzenden Mund.

Marlene sah wirklich zart aus. Zart und schön.
Grün-wild-herb war dagegen gar nichts. Wild ging ja noch. Obwohl sie nicht genau wußte, wo sie wild war. Aber herb war blöd und grün auch. Grün roch das Fichtennadel-Badesalz von ihrer Mutter. Sehr wild war das nicht.
Und herb klang borstig. Herbe Männlichkeit fiel ihr ein. Paula wollte nicht herb sein und nicht grün. Paula gefiel sich nicht. Marlene gefiel ihr.
„Meine Mutter sagt, wenn man sich pflegt, hat man mehr Erfolg." Marlene wühlte wieder in ihrer Tasche. „Mist, daß man hier nicht qualmen darf. Willst'n Kaugummi?"
Paula nickte.
„Manchmal sagt meine Alte ganz coole Sprüche, oder? Das stimmt nämlich mit dem Erfolg. Seitdem ich mich pflege, fühl ich mich ganz anders. Die Leute im Haus haben zu meiner Mutter gesagt, daß sie mich eine richtige junge Dame finden. Also Dame ist ja nicht so cool, aber ich weiß schon, was die meinen. Du schminkst dich nie, oder?" fragte sie Paula.
„Manchmal", sagte Paula und guckte zu den Korbballern.
„Harald sagt auch, daß er gepflegte Mädchen lieber hat. Er findet mich gepflegt. Wie findest du Harald? Ich finde ihn toll. Oder?"
Paula nickte.
Harald trägt eine Kette mit einer Tigerkralle dran. Und um ein Handgelenk ein breites Lederarmband. Das gleiche wie Marlene. Harald trägt nie T-Shirts, sondern immer Hemden. Die Jeans sind knalleng und der Gürtel hat eine Riesenschnalle. Und Cowboystiefel trägt er. Harald riecht bestimmt so gut, wie er aussieht. Harald hat ein Motorrad. Mit dem holt er Marlene von der Schule ab. Harald fährt nie mit Helm und Marlene auch nicht. Weil sie es schöner findet, wenn die Haare flattern.
Paula fand sich doof. Sie fand ihre Turnschuhe plötzlich doof. Saudoof sogar. Sie sahen schlampig aus mit den geknoteten

Schnürsenkeln. Und ausgelatscht. Und die Jeans waren hinten schon wieder dreckig, weil die immer auf der Erde schleifen. Und das Oberhemd war irgendwie doch zu lang. Und oben zu breit. Jedenfalls die Ärmel waren zu lang.
Paula krempelte sich die Ärmel hoch.
Marlene trug hautenge Jeans, die genau bis zum Absatz gingen und nicht dreckig wurden. Sie trug Stiefel mit ganz dünnen Absätzen. Und ein schmales T-Shirt. Marlene war gepflegt. Harald steht auf Marlene.
Paula seufzte.
„Irgendwie sehe ich heute doof aus."
Marlene guckte sie an. Schüttelte den Kopf.
„Find ich nicht."
„Wieso?"
„Du mußt nur mehr aus dir machen. Mehr Figur zeigen. Harald sagt, ich hab eine gute Figur. Weißte, was der neulich gesagt hat?" Marlene wühlte in ihrer Tasche. „Willst'n Mars?" – „Harald hat gesagt, er findet mich sexy." Sie kicherte. „Wie findst'n das?"
Marlene streckte ihre Beine nach oben und betrachtete sie. Drehte sie hin und her. Sie streichelte ihre Jeansbeine und seufzte: „Ich finde, der hat recht. Oder?"
Sie setzte sich auf, guckte auf die Uhr und stöhnte. „Mann ey, wann is'n hier Schluß? Harald wartet nicht gern." – „Ich würde wahnsinnig gerne eine qualmen. Qualmst du?"
„Nicht oft", sagte Paula und stellte sich gerade vor, wie Harald Marlene küßt.
„Küßt ihr?" fragte sie.
„Ob wir was machen?" Marlene grinste. „Logo, küssen wir uns. Was denn sonst! Harald sagt auch, es wird Zeit, daß wir miteinander pennen."
„Liebst du den?" Paula schaute sie an.
„Du stellst vielleicht coole Fragen!" Marlene schüttelte den Kopf. „Wir sind heimlich verlobt. Außerdem redet Harald

nicht gern von Liebe. Und meine Mutter hat gesagt, irgendwann passiert es ja doch. Dann besser mit Pille als mit Kind. Cool, die Alte. Oder?"
Marlene drehte sich auf den Bauch. Seufzte. „Wenn ich jetzt eine qualmen könnte! Wahnsinn!" – „Vorgestern war ich mit Harald im Kino. Condor oder so hieß der Film. Irgendwas mit Geheimagenten. Robert Redford. Die Liebesszenen, die fand ich schön. Mit Faye Dunaway. Harald hat gesagt, das ödet ihn an. Hättense rauslassen können. Sagt er. Wegen meiner hätten die noch länger sein können. Nimmst du die Pille?"
Paula schüttelte den Kopf.
„Kannst du mit deiner Alten reden?"
„Lieber nicht." Paula verzog ihr Gesicht.
„Gehste denn schon mit einem?" Marlene guckte sie neugierig an.
„Manchmal." Paula dachte an Hansa.
„Wenn du was brauchst, kannste von mir was haben." Marlene zeigte auf ihre Tasche. „Ich komm immer an das Zeugs ran." – „Bei meiner Alten war das am Anfang auch so. Erst hat sie Terror gemacht. Und dann hat sies geschnallt. Wegen Kind und so. Ist doch viel schlimmer für die, wenn ein Kind kommt. Und ich, ich will sowieso keins."
Marlene guckte auf die Uhr und auf die Korbballer. „Man ey, die sollen jetzt Schluß machen. Harald ist bestimmt schon draußen."
Marlene nahm ihre Tasche und rutschte vom Mattenberg. „Ich hau dann ab. Wenn die was sagt, sagst du, mir war schlecht. Willste noch'n Mars?"
„Zu süß!"
„Na denn, Tschau!" Marlene wedelte mit ihrer Tasche zu Paula.
Paula drehte sich auf den Bauch. Steckte ihre Nase in die Armbeuge und guckte auf die Uhr. Noch vier Minuten zum

Klingeln. In der Armbeuge wars warm und roch nach Haut. Ob das herb ist?
Paula dachte an Marlene.
Die trifft jetzt den Harald. Wieso redet der nicht gerne von Liebe? Marlene jedenfalls ist verknallt in den. Witzig, wie die sagt: Willst'n Mars? Und fast nach jedem Satz sagt die: Oder? Daß die mir die Pille geben will, find ich gut. Ob die bald mit dem Harald schläft? Wie macht die das nur, daß die Schminke nicht verläuft?
Paula setzte sich hin.
Die sollen jetzt wirklich Schluß machen. Ich will in den Spiegel gucken. Ich will wissen, wie ich aussehe. Und Kiki soll endlich sagen, ob mir der Seitenpony nicht doch besser steht. Außerdem hab ich Durst.
Paula schnüffelte an ihrer Haut.
Kiki ist manchmal so ähnlich wie Marlene, mit schminken und so. Aber sonst ist sie ganz anders. Ob die findet, daß ich ein herber Typ bin?

Läßt die einfach im Wind stehen

Kiki sitzt im Schneidersitz auf ihrem Bett und starrt Paula an. „Und du willst echt behaupten, nur weil der ficken gesagt hat, bist du weggerannt?"
Paula nickt.
Kiki lehnt sich an die Wand. Sie dreht ein Rougetöpfchen auf ihrem Zeigefinger und überlegt.
Kiki ist Spezialist für Liebesgeschichten. Sie muß wissen, ob die Sache noch zu retten ist. Sie geht an die Arbeit: „Du bist

unmöglich. Ficken hast du doch auch schon gesagt."
„Aber nicht so!"
„Wie denn?"
„Anders."
„Wie hat er das gesagt?"
Das Rougetöpfchen auf dem Zeigefinger steht still.
„Na, fies eben." Paula hebt die Schultern. „Und alles nur wegen dem Teddy!"
Das Rougetöpfchen landet auf dem Tisch. Kiki steht auf. Sie weiß Bescheid.
„Alles klar", sagt sie.
„Was ist klar?"
„Jeder weiß, daß Teddy alle Mädchen umlegen will."
Paula ist empört: „Ich habe doch nichts mit dem Teddy!"
„Das ist dem doch egal. Und außerdem", sagt Kiki ernst, „ist der Hansa auch so."
Paula starrt Kiki an.
Kiki hat keine Ahnung. Weil sie nicht wissen kann, daß Hansa ganz anders ist als Teddy.
Weil sie nur schwärmt von Hansa und immer noch behauptet, daß er aussieht wie Cat Stevens. Paula weiß, daß er nicht aussieht wie Cat Stevens. Das kann man nur wissen, wenn man Hansa von sehr nah gesehen hat. Und Paula hat ihn von sehr nah gesehen. An dem Tag, als sie mit ihm nach dem Konfirmandenunterricht in die Kneipe gegangen ist.

Hansa hat den Mann hinter der Theke gegrüßt und sie gefragt: „Was willst'n hören?" und Elvis gedrückt. Im Neonlicht sah Hansa käsig aus. Paula setzte sich in das rote Licht einer Wandleuchte.
Sie mußte aufs Klo. Aber die Tür, wo „Ladies" drauf stand, war weit weg.
Er hat Bier bestellt und sie Cola. Getrunken hat sie nichts. Wegen dem Klo.

Sie sah auf den Tisch. Sah das grau-weiße Plastikmuster, die Cola-Pfützen, die Bierdeckel.
Sie hat Bierdeckel gestapelt und mit ihrem Finger Muster in die Cola-Pfützen gemalt.
Hansa hat Elvis mitgesungen.
„Stehst du auch auf Elvis?“ hat er gefragt.
„Klar“, sagte sie. Sie wollte, daß er denkt, sie geht öfter in die Kneipe und hat die Füße lässig von sich gestreckt.
„Du siehst süß aus“, hat er plötzlich gesagt, und Elvis hat alleine weitergesungen.
„Ja?“ hat sie gesagt und einen Schluck Cola getrunken. Er hat seine Hand auf ihre gelegt und sie hat aufgehört, Muster in die Cola-Pfützen zu malen.
„Was machst'n du morgen?“ hat er gefragt und ihre Hand nicht losgelassen.
Morgen war Turnverein. Turnverein oder Hansa?
„Morgen hab ich nichts vor“, hat sie gesagt.
„Gehen wir morgen nach der Schule spazieren?“
Toll, hat sie gedacht. „Klar“, hat sie gesagt und ist aufgestanden und aufs Klo gegangen.
Er hat an der Theke bezahlt. Für beide. Paula wollte selber zahlen. Er hat nur gelacht.
„Ein ander Mal, Sweety“, sagte er und nahm ihre Hand.
Auf dem Weg nach Hause entfernte sie sich von Cat Stevens und kam Hansa nahe. Sternchenauge, hat sie gedacht.
Vor ihrem Haus hat er sie an sich gezogen und ihren Kopf an seine Lederjackenbrust gedrückt.
„Ich steh auf dir“, hat er gesagt. Paula wollte stundenlang so stehen bleiben. Damit der Lederjackenarm um sie herum bleibt. Damit er sie nochmal an der Zigarette ziehen läßt. Damit überhaupt alles so bleibt. Obwohl der Reißverschluß seiner Jacke an ihrer Nase piekte.
„Knutsch-knutsch! Da werden sich Mami und Papi aber freuen!“

Ihr Bruder stand hinter dem Gartenzaun. Der Lederjackenarm rutschte von ihr weg.
Hansa hat sehr schön ausgesehen, als er sagte: „Sweety, ich muß abhauen. Morgen nach der Schule. Okay?“
„Hallo, Sweety!“ äffte Jens. „Gehen wir morgen wieder knutschen?“
Paula ging erhaben an ihm vorbei. Ihr Bruder war ein Trampel. Ein Jahr älter, aber ein Trampel.

Kiki dreht sich zum Spiegel.
„Wie war'n das mit Teddy?“ Sie prüft das Rouge auf ihren Wangen.
„Der war plötzlich da und ist einfach mitgelatscht“, erzählt Paula.
„Wo war der plötzlich?“ fragt Kiki.
„Am Marienplatz. Nach der Schule. Hansa und ich wollten spazierengehen. Auf der einen Seite hatte er immer sein Fahrrad und auf der anderen Seite mich.“
„Immer!“ sagt Kiki.
„Naja, dreimal. Aber die drei Mal immer.“
„Und was hat Teddy gesagt?“
„Na, ihr beiden, immer noch verliebt? Dann hat der meine Hand genommen und gesagt: Und du bist also Paula? Man hat ja einiges von dir gehört.“
„Was denn?“
„Wie toll ich sein soll. Daß Hansa nur noch mich im Kopf hat. Und jetzt würde er den Hansa total verstehen. Der hat meine Hand einfach nicht losgelassen und zu Hansa rübergegrinst. Ich fand den fies.“ Paula schüttelte sich.
„Wieso hast du die Hand nicht weggezogen?“ fragt Kiki.
„Weiß nicht. Ich habe dann einen Kaugummi aus meinen Jeans geholt. Stör ich, hat er gefragt. Hansa hat gesagt: Nee! und ich hab: Nö! gesagt. Obwohl der mich unheimlich gestört hat. Dann hat er vorgeschlagen, wir sollen zu ihm gehen.

Zugegeben, dein Schwanz ist länger…
…aber ich kann ihn bauschen!
kann ich auch

Hansa war einverstanden und ich nicht. Hab aber trotzdem genickt, ich blöde Kuh."

„Und dann?"

„Dann hat nur noch Teddy geredet. Von Weiber aufreißen. Er hat die Heike rumgekriegt, hat er Hansa erzählt. So als ob ich nicht da wäre. Hansa hat gelacht, Sweety zu mir gesagt und zu Teddy gegrinst. Dann hat er seinen Arm um mich gelegt und die Hand unter meinen Arm geschoben und mir an den Busen gefaßt. Ich habe mich weggedreht und er hat gesagt: Ich tu dir doch nix. Und dieser blöde Teddy hat wieder meine Hand getätschelt: Wenn Hansa nicht auf dir drauf wäre, würde ich auf dir drauf sein. Wie der das gesagt hat!"

Paula zieht eine Fratze. „Und als ich von dem weggerückt bin, hat er gelacht: Ich spann dich dem Hansa nicht aus. Keine Angst! Als ob ich vor dem Angst hätte!"

Paula tippt sich an die Stirn.

„Dann hat er wieder von Heike geredet. Und dann hat Hansa das gesagt."

Paula stockt.

„Wie hat'n der das gesagt?"

„Die Heike hat schon ganz krumme Beine vom ficken. So hat er's gesagt."

„Und dann bist du weggerannt?"

„Ja." Paula nickt.

Daß sie vor Schreck völlig blödsinnig das Papier vom Kaugummi zusammengefaltet und wieder auseinandergefaltet hat, erzählt sie nicht. Auch nicht, daß sie nur noch Füße gesehen hat. Teddys Cowboystiefel, blaue Turnschuhfüße von Hansa und weiße Turnschuhfüße von Paula; auch daß sie in den Supermarkt reingerannt ist und zu Hansa gerufen hat: „Ich muß noch einkaufen. Brauchst nicht auf mich zu warten!" findet sie nicht so gelungen, daß sie es jetzt erzählen muß.

Weggerannt ist sie. Das ist alles.

Paula schaut Kiki an.
Die lehnt sich an die Wand. Kiki ist absolut sicher.
„Hansa hat sich nicht getraut und Teddy als Hilfe geholt“, sagt sie.
Paula sagt nur: „Das glaub ich nicht.“
Kiki zuckt mit den Schultern: „Mit Glauben hat das überhaupt nichts zu tun. Das ist so!“ Ob sie nicht gewußt hat, daß Teddy nur zwei Tage braucht, um ein Mädchen rumzukriegen?
Nein, das hat Paula nicht gewußt.
„Teddy schließt mit jedem Wetten ab, daß es kein anderer so schnell schafft wie er. Und wenn es länger dauert, bietet er seine Hilfe an“, erklärt sie Paula. „Und immerhin bist du ja schon fünf Tage mit Hansa gegangen, und es ist nichts passiert.“
Paula weiß noch nicht, wie sie das finden soll.
Kiki weiß, wie sie es findet. Kiki findet es irre: „Die schüchterne Paula läßt die beiden stärksten Typen der Schule hängen. Läßt die einfach im Wind stehen. Wirklich irre!“
Paula nimmt das Rougetöpfchen und steckt den Zeigefinger rein. Das Rougetöpfchen dreht sich. Natürlich! Kiki hat recht. Wirklich irre, wie sie die beiden abgehängt hat.

Das war überhaupt nicht meiner

„Der Paul ist jetzt bei uns in der Schule“, sagt Kiki.
„Was hast du gesagt?“ Paula hat Kiki gut verstanden.
Kiki tut Paula den Gefallen und wiederholt: „Der Paul ist jetzt bei uns in der Schule.“ Kiki schiebt ihr Fahrrad.

„Welcher Paul?“ fragt Paula.
Kiki zieht die Augenbrauen hoch: „Na, deiner!“
„Das war überhaupt nicht meiner!“
„Du warst sehr traurig, als er nicht mehr gekommen ist“, sagt Kiki genüßlich und klimpert mit den Augen. Paula sagt nichts.
Kiki schiebt noch einen Satz hinterher: „Du fandst den damals jedenfalls sehr stark.“
„Sehr stark ist übertrieben“, verbessert Paula.
Aber stark schon. Wegen der Ohrfeige.

Paul hatte recht und der Ziegler nicht. Und der Pfarrer blickt sowieso nie durch. Der läßt immer nur Lieder singen, wenn was schief geht.
Er glaubt überhaupt nicht an Gott, hat Paul gesagt. Sein Vater hat gesagt, die ganze Beterei sei Humbug. Statt zu beten, sollten die Leute lieber schauen, daß sie zu ihrem Recht kommen. Und daß er nur wegen seiner Mutter im Konfer ist. Weil die das will. Und er betet kein Vater-unser.
Ziegler hat gesagt: Kannst ja ein Mutter-unser beten oder geh doch nach drüben.
Ihm hat das so gut gefallen, daß er gleich noch mal gebrüllt hat: Geh doch nach drüben!
Paul ging rüber zum Ziegler und knallte dem eine. Wortlos.
Paula hat das dem Ziegler gegönnt. Ziegler läßt nicht abschreiben, Ziegler sagt nicht vor, Ziegler stellt Mädchen Beine und tatscht sie an den Busen. Ziegler petzt.
Paul war mit einem Schlag vom Vater-unser-Gebete, Liedergesinge und Bibel-Gelese befreit. Für immer. Vom Pfarrer persönlich.
Seitdem fehlte Paula für das Vater-unser das Gedächtnis. Aufsässig nannte der Pfarrer das.

Paula reißt einen Zweig von der Hecke und zupft Blätter ab.

Kiki singt: „Er liebt mich, liebt mich nicht. Er liebt mich von Herzen."

„Du bist blöd!" Paula schmeißt die Blätter weg. „Das ist längst vorbei."

„So siehst du aber nicht aus." Kiki kramt in ihrer Jeansjacke und holt eine Zigarette raus.

„Willst du eine?" fragt sie Paula.

Paula schüttelt den Kopf. Denkt an Paul. Denkt daran, wie sie in die Siedlung gegangen ist, um rauszukriegen, wo er wohnt. Daß er in der Siedlung wohnt, wußte sie. Mitten in der Siedlung hat sie kehrt gemacht und ist abgehauen. Sie konnte doch nicht an jeder Tür fragen: „Wohnt hier ein Paul?" Selbst wenn sie ihn gefunden hätte, was hätte sie sagen sollen? „Ich such dich die ganze Zeit."

„Was heißt'n überhaupt, der ist jetzt bei uns?" fragt sie.

„Bei uns in der Schule. Jedenfalls hab ich ihn heute gesehen. Der hat vielleicht geguckt, als er mich gesehen hat. Bestimmt hat er nach dir gesucht."

Paula reißt wieder Blätter von dem Zweig. Eins nach dem anderen.

„Das ist doch längst vorbei."

„Aber nicht bei dem. Nee, nee!" Kiki schüttelt den Kopf. „Der wartet nur drauf, daß er dich wiedersieht."

Was die immer sieht.

Paul und Paula.

Eins ist sicher: Paul ist anders als Hansa.

Denkste, sagte das Schwein

„Er streichelte mich am ganzen Körper, küßte mich auf die Brustwarzen, was mir wohl tat. Dann fuhr er mir mit angefeuchteter Fingerspitze über Brust und Bauch hinunter in meine Muschel, daß ich ganz außer mir geriet vor Geilheit . . .“
Paul hört Schritte. Er stopft das Buch unter die Matratze, dreht sich auf den Rücken und zieht die Decke bis zum Kinn. Sein Pimmel steht unter dem Bettuch. In der Tür steht seine Mutter. Paul macht das Licht aus.
„Wurde aber auch Zeit, Junge! Es ist schon elf“, sagt sie. „Gute Nacht.“ Sie zieht die Tür leise hinter sich zu.
Ob die was gemerkt hat? Er denkt an die Flecken im Bettuch. Sie hat bisher nie danach gefragt.
Sein Schwanz ist wieder weich und klein. Piepmatz, denkt er. Er muß pinkeln. Er steht auf, sagt laut im Gang: „Ich muß noch mal!“ und geht aufs Klo.
Bevor er sich wieder ins Bett legt, versteckt er das Buch im Schreibtisch.

Das Buch hab ich von meinem Vater. Also nicht direkt von ihm, sondern aus seinem Bücherregal. Zufällig steh ich davor und les den Titel: *Josephine Mutzenbacher. Die Geschichte einer wienerischen Dirne.* Und denk, guckst mal rein, findst vielleicht eine Stelle.
Mann, daß der sowas hat! Das ganze Buch ist eine einzige Stelle.
Dreizehn ist die erst und saut auf jeder Seite rum. Total geil ist die, das gibts nicht. So eine Sau ist das. Irre.
Ich habs schon zweimal gelesen.
Ich bin ein Schwein.

Morgen stell ich es zurück, sagt Paul zu Paul dem Schwein,

Achim
Den späteren Nachmittag
verbrachte Achim damit, sich eine
O, Achim, komm!
Vorlage zu zeichnen.
Da schaute Mutter herein.
Hastig kritzelte Achim
O komm!
alles wieder zu.
Er war sehr ärgerlich

als er wieder im Bett liegt. Paul das Schwein denkt an die Mutzenbacher. Paul will das nicht. Paul das Schwein hat nichts als Mädchen im Kopf. Unanständige Mädchen. Paul will schlafen. Aber Paul das Schwein kann sich nicht beherrschen. Paul das Schwein denkt an die Mutzenbacher und spielt mit der Hand an Pauls Pimmel. Vor und zurück. Vor und zurück. Immer schneller. Schneller. Bis es kommt. Das irre Gefühl und der Samen.
Dann ist das Schwein weg, und die Mädchen auch.
Paul liegt wieder allein im Bett. Er will nicht, daß es Flecken gibt. Er langt neben das Bett, angelt sein Taschentuch aus der Hose und wischt sich den Samen ab.

Natürlich hab ich gelesen, daß das alles ganz natürlich ist. Bringt aber nichts.
Aufgeklärt haben mich die Alten auch. Onanie haben sie dazu gesagt. Daß mir der Pimmel steif wird, hab ich von alleine gemerkt und mit dem Samen auch.
Ich fand das schon gut, was die gesagt haben. Aber trotzdem hat mir das nichts gebracht.
Jedesmal nehm ich mir vor, jetzt ist es das letzte Mal. Und dann dauerts nicht lange und schon steht er wieder.
Der Pfaffe hat von Reife, Liebe, lebenslang und Reinheit gequatscht, und Sport, viel Sport in diesen Jahren der körperlichen und seelischen Entwicklung empfohlen. Und dann lieste was von „*Wilder Frische*" und siehst nur Busen, und überall Titten und Ärsche auf den Titelblättern und dann willste mehr. Bewegst wenigstens die Hand in der Hosentasche. Das fühlt sich gut an. Und dann holste dir einen runter. Und dann fühlste dich wie eine Sau.
Daß meine dünnen Beine vom Wichsen kommen und die lange Nase auch und daß ich deshalb nie an eine Frau rankomme, das denk ich manchmal. Ehrlich.
Und dann nimmste dir vor: Jetzt ist aber echt Schluß.

Denkste, sagt dir dein Schwein: Einmal noch, okay?!
Und du gibst nach.

Ich bin ein willenschwacher Mensch, denkt Paul. Vielleicht auch schwul, denkt er. Willenschwach und schwul. Wenn das rauskommt, bin ich geliefert.

Voriges Jahr im Sommer hab ich mit Klette gerauft. Am Baggersee im Gebüsch. Klette hat mir an die Eier gefaßt. Und ich ihm auch. Ja und dann ist eine Sicherung durchgebrannt. Und Klette hatte meinen Schwanz in der Hand. Und ich den seinen. Und das war geil.

Paul roch den Schweiß von Klette. Paul spürte die Sonne auf seinem Rücken. Sie rieben sich ganz schnell. Der Busch fing an zu flirren.
„Keuch nicht so!" stöhnte Klette.
„Halt die Klappe, es kommt!"
Es kam. Und die Sicherung war wieder drin.
Jetzt bin ich schwul, hatte er gedacht.
„Du Sau!" sagte er zu Klette und zog sich mit einem Ruck die Hose hoch. Er war aufgesprungen. Gottseidank war niemand zu sehen.
„Selber Sau!" hatte Klette gesagt und in den Busch geschifft.
„Wer hat denn angefangen, he?" fragte er über die Schulter.
Paul hatte Angst. Angst, daß Klette rumerzählt, daß er, Paul, eine schwule Sau ist.
„Du hast mir doch an die Eier gelangt, oder?"
„Zum Spaß, ey!" Klette tippte sich an die Stirn.
„Zum Spaß. Du Sau! Daß ich nicht lache. Leck mich doch am Arsch!" Paul drehte sich um.
Klette zog seinen Hosenschlitz zu.
„Bin doch nicht schwul, Alter!"
Das wars! Klette hatte es gesagt.

„Meinst du vielleicht ich?“ schrie Paul.
Klette zuckte mit den Schultern.
„Logo, wenn du meinst?!“
Klette grinste. Logo. Klette grinst immer.
Klette stieg auf sein Fahrrad.
„Steiffi ist die gleiche Sau wie du“, sagte er und fuhr weg und ließ ihn stehen.

Bob Dylan und ich

Charly kriegt zwei geknallt – Vromm! – und das Ding ist für ihn gelaufen. Aber mein Alter bringts fertig und labert Stunden wegen so einem windigen Aschenbecher.
Der hatte schön und groß und handgeschmiedet auf einem Tisch in Südtirol gestanden. Und dann war der nicht mehr auf dem Tisch gestanden. Und das war dem Wirt aufgefallen, und der hat dem Widmann das gesagt.
Der Widmann ist unser Klassenlehrer. Und der hat zur Klasse gesagt, daß die Klassenfahrt auf der Stelle zu Ende ist, wenn der Aschenbecher nicht wieder auf den Tisch kommt. Und das war das Problem, weil der unter der Jacke in meiner Reisetasche lag. Und dann haben wir uns gemeldet, der Charly und ich. Und dann hat uns der Direktor geschrieben. Und dafür hat der Charly zwei Ohrfeigen gekriegt und ich das Gespräch mit meinem Alten, weil mir der Widmann wegen dem Aschenbecher ins Zwischenzeugnis geschrieben hat: *Versetzung gefährdet.*
Und jetzt sagt mir der Alte, daß wir Plattköpfe sind, weil wir uns beim Klauen erwischen lassen.
Paul war genervt.

Und den Brief vom Direx will er nicht unterschreiben, weil er sich nicht zwingen läßt, seinen Sohn zu kontrollieren. Schon gar nicht von einem verkalkten Schulmeister, sagt er. Find ich stark. Trotzdem brauch ich die Unterschrift.
Das hat er eingesehen.
So weit so gut!

Sein Vater hatte aber die Angewohnheit, lange Spaziergänge zu machen, wenn es Probleme gab. Gesprächsgänge waren das.

Wir sind in den Park gegangen. Ich und mein Alter. Ich immer nebenher. Und er hat erzählt, daß zu seiner Zeit die Lehrer noch geprügelt haben, und daß sie ihm den letzten Dreck ins Hirn geprügelt haben. Und dann hat er gesagt, daß er feig war und sich gedrückt hat wo es ging. Daß er lieber Prügel bezogen hat, als sich um was zu kümmern. Daß er nicht wußte, was er wollte. Daß er nur wußte, was er nicht wollte: die Schule, die Lehrer, den Stoff. Daß er ein schlechter Schüler war, und daß das kein Spaß war. Daß ihm alles egal war. Daß er einfach so mitgelatscht ist. „Und wenn ich nicht gestolpert wäre, wäre ich auch ein Nazi geworden“, sagte er. Und gestolpert war er, als ein Freund ihn gefragt hat, was *er* eigentlich will.
Und dann hat er gesagt, ich soll was für mich tun. Und dann hat er nichts mehr gesagt und so getan, als ob er sich die Bäume im Park ansieht.
Ich versteh echt nicht, was der meint. Bloß weil mir die Penne stinkt, werd ich noch lang kein Nazi.
„Was meinst'n mit: Ich soll was für mich tun?“ hab ich gefragt.
„Frag!“ hat er gesagt und mit dem Arm in der Luft herumgestochert. „Frag sie solange, bis es dich interessiert.“ Dann hat er mit dem Daumen auf sich gedeutet.

„Ich“, hat er gesagt, „ich bezahl sie dafür, daß du sie fragen kannst und nicht dafür, daß sie mir Briefe schreiben. Frag sie, warum 1×1 = 1 ist. Wenn sie dir das nicht erklären können, sind sie unfähig, nicht du. Verstehst du? Deine Fragen sind wichtiger als das, was sie davon halten. Und wenn sie mit ihren Antworten am Ende sind, verdammt noch mal, dann hol dir die Antwort von anderen. Es gibt mehr als drei Milliarden Menschen auf der Welt. Frag!“
Der war schön drauf beim Reden. Find ich ja gut. Aber wenn ich an die drei Milliarden Menschen denke, denk ich, ich spinne. Irgendwie ne Nummer zu groß, denk ich.
Geh doch mal zu Knechtling und frag, warum er mir wieder einen Fünfer verpaßt hat. Da krieg ich sehr schnell die passende Antwort.

Paul schlich durch die Schulstunden. Nicht auffallen, denkt er. Immer schön im Mittelfeld bleiben. Aber Paul rutschte aus dem Mittelfeld raus und zwar nach unten. Und unten fiel er auf. Knechtling bescheinigte ihm vor der Klasse, daß es ihm in Mathe und Englisch an den Grundlagen fehlt.
Paul war sauer.
Wem hier was fehlt, ist noch nicht ausgemacht, sagte er.
Zuhause kamen ihm Zweifel.

Knechtling bringt es und läßt mich durchfallen, ohne mit der Wimper zu zucken. Und dann steh ich auf dem Schlauch.
Wenn wenigstens Klette mit durchfallen würde. Aber Klette fällt nicht durch. Klette ist nämlich nicht *„gefährdet“*.
Ade, Freunde. Das ganze noch mal von vorn. Allein. Steh ich nicht drauf.

Paul sitzt vor seinem Plattenspieler. Er legt Bob Dylan auf.
Englisch hab ich nach Gefühl und Mathe mit Glück gemacht.
Und jetzt fehlts auf einmal an den Grundlagen.

Learning English – Part four. Brauch ich gar nicht erst anfangen.
Ich hau ab, denkt er und dreht Bob Dylan lauter. Der machts richtig. On the Road. Highway 69. Ein Truck stoppt: „Wohin?" – „O Mann, scheißegal! Nur weg!" – Raus aus der Scheiße. Und dann können mich die Knechtlinge grundlegend ...
Bob Dylan sang:
... and the first one now,
will later be last
for the times they are a-changin'. *

Mann, hab ich gesagt, das ist es. Der singt meine Grundlage. Das ist ja tierisch.
Ich besorgte mir alles, was es von Dylan gab und übersetzte vor und zurück. Jeden Nachmittag.
Knechtling hat nicht schlecht gestaunt, als ich in Englisch eine Zwei geliefert hab. Astrein, stand da eine Zwei drunter. Original von Knechtling hingeschrieben.
„Krombacher", hat er gesagt, „nicht schlecht. Nur der häufige Gebrauch von Slang. Gossen-Englisch. Das werden wir uns abgewöhnen."
Denkst du, dachte ich. Aber wie ich Bob und mich kenne, läuft da nichts.

*... und wer jetzt der erste ist/wird später der letzte sein/denn die Zeiten ändern sich.

Wenn ich bloß nicht so unmusikalisch wäre, könnte ich Gitarre lernen. Und wenn ich Gitarre spielen könnte, dann könnten mich alle mal.
Paul zündete Kerzen an. Paul träumte sich in eine Welt, wo es keine Noten gibt, keine Schule, keine Eltern und wo man kein Geld braucht.

Bahia hört sich gut an. Ich sollte nach Bahia gehen. Zu den Herren des Strandes nach Bahia. Wirklich was machen. Schule Schule sein lassen. Auf jeden Fall nach der Schule abhauen. Als Entwicklungshelfer nach Südamerika und dann weiter sehen. So schnell als möglich hier raus. Auch ohne Gitarre.

Ich darf nicht sitzenbleiben. Ich muß büffeln in Mathe.
Nach zwei Stunden spielen die Zahlen und Formeln verrückt.
Paul reibt sich die Augen. Total im Tran.
Verdammter Stress.
Du Sklave der Formeln, was bist du gegen die *Herren des Strandes.* Er hatte das Buch von Jorge Amado gestern gelesen.
Obdachlose Kinder sind das, nicht älter als du, am Strand von Bahia. Wenns nötig ist, knackt Boa Vida ein reiches Haus, oder zieht einem die Uhr aus der Tasche. Der kann was. Die kennen sich aus. Kennen die Stadt. Wissen wo, wie, was läuft. Liegen am Hafen im Sand und erzählen Geschichten. Der Professor zum Beispiel.
Was kann mir Knechtling schon erzählen?
Die leben. Die haben Weiber. Und ich les die Mutzenbacher und auch das nur heimlich.
Als Entwicklungshelfer nach Bahia.

Scheiße, denkt er, das sind nur Bücher, das ist nicht die Welt.
Paul saß am Schreibtisch und träumte aus dem Fenster. Draußen regnete es. Er schaute den Tropfen zu, die sich an der Scheibe sammeln und plötzlich nach unten rinnen. Wassertropfen.
Ein Wassertropfen unterm Mikroskop. Sein Mikroskop ist eine Welt. Paul liebt sein Mikroskop.
Naturforscher, das wäre doch was! Als Biologe im Urwald.

Paul kramte in seiner Schublade. Er suchte den Artikel über den Urwald am Amazonas.
Auf einer Lichtung im Dschungel stehen Indios. Die Männer sind mit Blasrohren bewaffnet. Alle sind nackt. Besonders die Frauen. *„Unberührt von der Zivilisation kennen sie keine Scham"*, steht unter dem Bild. Er sieht das farbige Bild an, die Frauen. Er denkt an Bahia.
Verdammte Zivilisation, denkt er und schiebt seine Hand in die Hose und fühlt seinen Pimmel.

„Pimmel", sagt Paul, „du bist ein Schwanz!"
Piepmatz, hatte seine Mutter früher gesagt, wenn sie ihn nach dem Baden mit dem Handtuch abrubbelte.
Steiffi hatte gesagt, wenn er über fünfzehn Zentimeter ist, kannste Schwanz zu ihm sagen. Aber Steiffi hat sowieso den längsten.

Paul sieht die nackten Indiofrauen. Wenn er die Augen unscharf stellt, bewegen sie sich. In dem Artikel wurde von der Ausrottung der Indios berichtet.
Paul zog die Hand aus der Hose und klappte die Zeitschrift zu. Schwein, denkt er, die werden abgeknallt und du willst drauf wichsen.
Paul stand auf, ging in die Küche und holte sich ein Glas Milch.

Das Schwein ist weg.
Paul setzte sich wieder an den Schreibtisch und nahm sich das Geschichtsbuch vor.
„Nach längerem Zögern", liest er, *„entschloß sich der preußische König, dem Ruf Folge zu leisten. Am 18. Januar 1871 wurde König Wilhelm zum deutschen Kaiser ausgerufen. Bismarck verlas die Kaiserproklamation . . ."*
Bismarck, Bismarck! Was will denn der von mir?
Bismarck sieht Paul an.
„Glotz nicht so!" sagt Paul und klappt das Buch zu.

Er nimmt das Mikroskop aus dem Kasten und legt ein Objektglas zurecht. Er sieht durch das Okular und stellt den Spiegel ein.
Dann lehnt sich Paul zurück und knöpft sich die Hose auf. Für die Wissenschaft. Darauf hatte sein Schwein gewartet. Als der Samen kommt, hält Paul das Glas hin.

Die Samenfädchen mit dem kleinen Kopf. Die bewegen sich wie Kaulquappen. Das lebt ja alles. Das könnten Menschen werden. Und ich wisch das ins Taschentuch.
Das ist Wahnsinn. Das sind Tausende. Mein Samen. Ein seltsames Gefühl breitet sich in Paul aus. Ein Gefühl von Angst.
Ich hör jetzt auf damit, nimmt er sich vor. Endgültig.

Ich muß mit jemandem reden. Mit Steiffi, oder Klette? Die verarschen mich bis ans Ende der Welt.
Fragen, hatte der Alte gesagt, vergiß deine Fragen nicht.
„Gut gesprochen, Alter. Jetzt kommst du!"

Tag um Tag verschiebt er es. Eines Abends sitzt Paul allein mit seinem Alten im Wohnzimmer. Sie lesen beide. Das heißt, eigentlich liest nur der Alte. Paul starrt seit einer halben Stunde auf die gleiche Seite. Paul sucht einen Anfang.

Merk' dir eins, mein Sohn: es steht nicht alles schief, nur weil du mal schief stehst

Er räuspert sich. Der Alte sieht auf und begegnet seinem Blick.
„Is was?“ fragt er.
„Hmhm!“ Paul glotzt wieder auf die aufgeschlagene Buchseite. „Ich weiß auch nicht ... Ich will das nicht ... aber ich kann nichts dagegen machen ... Ich weiß nicht, was ich machen soll ...“
Der Alte schaut über sein Buch.
„Was ist?“
Paul zögert. „Es ist wegen dem ..., ich mein onanieren.“
„Achso!“ sagt der Alte.
Er lehnt sich in seinen Sessel zurück.
Was heißt'n hier *achso,* denkt Paul. Der Alte sieht ihn an. Paul hört die Pause. Er knibbelt die Fingernägel aneinander und sieht sich angestrengt dabei zu. Paul schämt sich, dem Alten in die Augen zu sehen.
Sag doch endlich was.
Achso. Ist das alles?
Ich bin süchtig, verstehste!

Und dann hat der Alte angefangen zu sprechen. Und wieder stand er auf seinem Sockel.
Er sprach, daß Paul das alles nicht zu ernst nehmen sollte, daß das Onanieren nicht so schlimm sei.
Er sagte *so,* das hörte Paul genau.
Und daß das bei jedem Jungen, zumindest bei den meisten so sei.
„Weißt du, Junge“, sagte er, „das ist eine Phase, die jeder mehr oder weniger durchmacht.“
Mehr oder weniger sagt er. Ich weiß nicht, was mehr und was weniger ist, dachte Paul und traute sich nicht zu fragen.
Er hätte diese Phase auch gehabt, aber das hätte sich gegeben.
Wann hat sich das gegeben? Wie lange hat das gedauert?

Paul sei jetzt auch in dem Alter, wo Mädchen interessant werden und dann gäbe sich das von selbst.
Mensch, Alter, Mädchen sind seit zwei Jahren für mich interessant und es gibt sie nicht.

Es ist also nicht *so* schlimm, dachte Paul, als ihn sein Schwein wieder überfiel, und wichste. Das Gefühl danach war nicht viel anders als vor dem Gespräch mit seinem Vater.

Tschüß Kleiner!

Paul liegt auf dem Bett. Er starrt an die Zimmerdecke auf den rostbraunen Fleck.

Häßlich sei der Fleck, sagt die Mutter, eine Schande. Seit Jahren, sagt sie, ist sie dahinter her, daß das Zimmer geweißt wird. Der Alte sagt, dafür sei kein Geld da. Für alles ist Geld da, sagt sie, für Bücher, für Zeitschriften, für Kino, für Theater, aber die Wohnung verkommt im Dreck. Man müsse sich ja schämen, sagt sie. Andere Leute weißen jedes Jahr die Wohnung.
„Kann der Paul doch machen", hatte seine Schwester gesagt, „dann muß Pappi nur die Farbe bezahlen."
Seine Schwester ist eine blöde Gans.
Paul will nicht, daß der Fleck wegkommt. Der Fleck ist kein Fleck. Der Fleck ist eine Insel, seine Insel.
Als Kinder hatten sie den Fleck ins Bett geholt.
Inselmann und Inselfrau haben sie gespielt. Barbara hatte gesagt, daß das bei Bruder und Schwester nicht geht.

„Quatsch nicht!" hatte Paul gesagt. „Wenn mein Pimmel da rein geht, gehts."
„Wo?" fragte seine Schwester.
„Na da!"
„Hier?"
„Ja, da!"
Es ging nicht.
„Siehste!" hatte Barbara gesagt und gekichert.
Jetzt hat seine Schwester ein eigenes Zimmer.
„Weil ihr euch ständig streitet", hatte seine Mutter gesagt.
„Endlich!" hatte Paul gesagt und Barbara unter dem Tisch ans Schienbein getreten.
„Und außerdem", hatte seine Mutter gesagt, „ist sie jetzt eine kleine Frau."
Die und Frau, kann ich mir nicht vorstellen.
Ihre neue Freundin hat ja schon einen richtigen Busen. Wie die gestern auf dem Gang gestanden ist, mit ihren langen schwarzen Haaren, und „Hallo, Paul" gesagt hat. Augen hat die. Irre. Steht da plötzlich neben deiner Schwester ne richtige Braut. Guckst hin und glaubst es nicht.
Wenn die nur nicht immer so kichern würden. Kaum hocken die zusammen und du kommst rein, kichern die.

Paul starrt an die Decke, auf den Fleck. Auf das Kichern kann ich echt nicht ab, denkt er. Kindisch. Ach, Scheiße, die sind noch zu jung. Sagt Steiffi auch. Aus dem Fleck wird Urwald.
Langsam taucht sie auf. Halbverdeckt von einem Busch. Um ihre Taille ist ein geblümter Rock geschlungen. Edel wie eine Indianerin ist sie, schaut schweigend mit schwarzen Mandelaugen zu Paul. Um ihren Mund ist ein Lächeln. Sie lächelt, die kichert nicht. Seidig glänzt ihre braune Haut. Die eine Brust ist von Blättern verhüllt, über die andere fällt ihr langes schwarzes Haar bis zur Hüfte. Paul verehrt sie, liebt sie in der

Ferne seiner Insel. Seine Liebe zu ihr ist wortlos und rein. Er verschont sie mit seinen Wichsphantasien. Paul das Schwein kennt sie nicht.
Die oder keine, denkt Paul. Einsam steht sie da und sieht Paul an.

Ganz anders als ihn Sabine angesehen hatte.
„Sabine ist eine Sau", hatte Steiffi gesagt, „eine, die jeden ranläßt. Dumm aber geil!"
Paul gefiel Sabine.
Sabine hatte nicht gekichert. Sabine hatte eine durchsichtige Bluse an, und er reichlich Bier getrunken.
Eine, die jeden ranläßt, hatte er gedacht und „Hallo, Sweety!" gesagt und auf ihre Bluse gestarrt.
Er steht nicht auf Travolta. Aber sie. „Ist ja egal", hat er gesagt und den Spasti nachgemacht. Hat sie gelacht.
Dumm aber geil, hatte er gedacht als Elvis *Love me tender* sang, und als er ihren Busen an seiner Brust spürte, gefielen ihm auch die blonden Kräuselhaare.
Dann wollte sie gehen.
„Ich bring dich heim", hatte er gesagt und sie hatte genickt.
Paul legte den Arm um Sabine, aber sie ging vor ihm durch die Tür.
Dann standen sie auf der Straße.
Sabine ist eine Sau, hatte Steiffi gesagt. Er sah sie von der Seite an. Die Bluse hat die nicht nur so an. Ich muß den Arm wieder rumlegen.
„Die Fete war nicht schlecht, oder?" fragte er.
„Geht so", sagte Sabine.
So krieg ich den Arm nie rum.
„Zigarette?" fragte er.
„Nee, danke!"
Warum will die jetzt keine Zigarette? Die will nichts von dir.
Sie gingen schweigend die Straße entlang. Er setzte den Fuß

immer genau auf die Rillen zwischen zwei Steinplatten. Ich hab eine Macke, dachte er. Ich spiel Himmel-und-Hölle und die will knutschen. „Die läßt jeden ran." Leg einfach den Arm rum.
„Hast du morgen Zeit?" fragte er.
„Och, weiß nicht. Warum?"
„Nur so."
Nur so, nur so! Bin ich blöde? Nur so den Arm rumlegen geht nicht. Ich muß was sagen. Herrgott, gib mir sofort einen Einfall. Mir fällt überhaupt nichts ein. Ich kenn die ja auch gar nicht.
Red nicht, leg den Arm rum.
Mann, ist das bescheuert. Die soll mich jetzt ranlassen. Auf dieser verdammten Straße ist auch nichts los. Wenn es wenigstens regnen würde, dann könnte ich ihr meine Jacke rumlegen.
„Ist dir kalt?" fragte er.
„Nee!"
Wieder nichts. Ich hätte auf der Fete bleiben sollen.
Quatsch, die läßt jeden ran. Du mußt was tun. Die legt dir nicht den Arm rum. Da kannste lange warten. Irgendwas muß jetzt passieren. Die soll jetzt stolpern und hinfallen. Bei den Absätzen ist echt nichts dabei. Das könnte die jetzt ehrlich für mich machen.
Sabine schlenkerte mit ihrer Tasche und summte.
Okay, dann eben nicht, dachte Paul.
Fünf Häuser noch, nahm er sich vor, dann küß ich sie. Er zündete sich eine Zigarette an. Er sah Sabine an.
Grinsen kann ich auch, dachte er.
Vier Häuser noch.
Warum gibts hier keine Schaufenster. Kann die nicht langsamer gehen. Diese verdammten Häuser werden auch immer schmaler. Jetzt sind es nur noch drei.
Das ist ja nur eine Tankstelle. Die gilt nicht.

Auf jeden Fall nach dem fünften.
Mehr als auflaufen kann ich nicht. Sieht ja niemand.
Noch zwei Häuser. Ganz ruhig Paul.
„Wo wohnst'n du?“ fragte er.
„Hier“, sagte sie, „hier wohne ich.“
Scheiße, dachte Paul.
„Ich dachte ...“, hatte er gesagt, aber er konnte ihr doch nicht sagen, daß er nach dem fünften ...
Er kam sich blöde vor.
Sabine hatte gelacht und: „Denk weiter“, gesagt und: „Tschüß Kleiner!“ und hatte ihn auf die Backe geküßt und war im Hausgang verschwunden.
Ist die blöde, dachte er, wohnt die im vierten.

Später hatte er zu Steiffi gesagt:
„Die läßt ehrlich jeden ran, aber darauf steh ich nicht, ehrlich!“
„Ehrlich, ehrlich!“ hatte Steiffi gesagt. „Nichts gelaufen oder wie seh ich das?“

Ich muß auf einer Braut stehen, mit Liebe. Mit Sabine läuft das nicht, weil die jeden ranläßt. Die Sabine und die Traumfrau in einer, das wär die richtige. Aber find mal so eine.

Jetzt oder nie!

In der Kneipe war nichts los. Ein älterer Mann saß zwei Tische weiter und trank ein Bier. Sie hatten noch eine halbe Stunde Zeit bis zum Kino. Klette hing im Stuhl, einen Arm

über die Lehne, die Beine weit von sich gestreckt. Paul baute Bierfilze übereinander.
„Haste jetzt die Lehrstelle?“ fragte Klette und räkelte sich.
„Sowas nennt sich Berufsberater!“ sagte Paul. „Die Fachoberschule wollte er mir verpassen, wo ich keinen Bock mehr auf Schule hab. Ich will was machen, was mit Natur zu tun hat, hab ich gesagt. Gärtner oder so. Wollte der mir Bäcker andrehen. Wäre doch was mit Natur, hat er gesagt. Dann hat er mit seinen Wurstfingern wieder in seiner Kartei gewühlt und wollte mir ne Baumschule verkaufen. Ich hab doch gesagt, Schule ist nicht, hab ich gesagt. Sollte ein Witz sein. Hat er aber nicht gelacht. Ehrlich, so ne Brille, aber keinen Durchblick, der Typ!“
Klette deutete auf die Tür.
Zwei Mädchen standen am Eingang.
Mann, dachte Paul, direkt aus dem Levis-Plakat. Älter als fünfzehn oder sechzehn waren die nicht.
Klette stand auf.

Das darf doch nicht wahr sein. Klette geht an den Tisch. Klette macht die beiden an. Ist ja stark.
Klette dreht ab zur Musicbox.
Traut sich nicht. Hab ich mir gleich gedacht.
Klette kommt zurück.
„Die müssen mit ins Kino“, sagt er.
„Logo!“ Paul grinst zu den beiden rüber.
„Jetzt oder nie!“ sagt Klette.

Sie griffen nach ihrer Cola, standen auf. Klette sackte wieder auf den Stuhl.
Zwei Typen waren reingekommen und setzten sich zu den Mädchen an den Tisch.
Elvis sang Jailhouse-Rock.
„Hab ja gewußt, daß das schief geht“, sagte Paul.

„Zahlen!“ rief er den Kellner.
Sie gingen raus und mußten am Tisch der Mädchen vorbei.
Bloß nicht hinschauen, bloß jetzt kein Kichern hören.

„Wenigstens ne kleine Honda“, sagte Paul, als sie auf ihre Fahrräder stiegen.
Klette drehte sich um. „Hast du was gesagt?“
„Ach nix“, sagte Paul und überholte Klette.

Im Gloria lief *High Noon.*
Sie hingen in den Sesseln, die Füße über die Vorderlehne und kauten Kaugummi und Gummibären.
„Haribo macht Kinder froh ...“, sagte Klette, biß einem Gummibären den Kopf ab und stopfte den Rest Paul in den Mund.
Gary Cooper in der Stadt. Allein. Niemand auf seiner Seite. Er gegen alle. Und dann räumt er auf. 12 Uhr mittags, und alles ist klar.
Sie gingen Garys Gang aus den Hüften. Sie beobachteten die Hausfronten links und rechts. Warum stand auf den Dächern keiner, der sie zwang zu ziehen.
Paul schob das Kinn vor. Sie verstanden sich. Er und Klette. Logo.

Paul wünschte sich ein Leben mit Colt. Da war irgendwie alles klar. Zwei wollen was, beide ziehen, einer ist schneller. Einer bleibt stehen. Als Gärtner würde er Rüben aus der Erde ziehen. No action. Nothing. Nix.
Auch Biologe ist langweilig. Die stehen im Labor. Die kriegen Luftpost-Päckchen. Weißer Kittel, Reagenzgläser und Aquarien und vier Wochen Urlaub auf Mallorca. Der reine Wahnsinn.
Das Leben ist gottserbärmlich langweilig, dachte er.

Samstagnachmittag.
Die Sonne schien und ein lauer Wind bewegte die Blätter der Alleebäume. Die Straße war friedlich. Beklemmend friedlich, fand Paul. Gegenüber brüllte ein kleines Kind und Schuhmeier von nebenan polierte seinen Opel-Kadett. Schuhmeier poliert jeden Samstagnachmittag seinen Kadett. Unten lag die alte Schenk im Fenster und glotzte, die Arme auf einem Sofakissen. Die alte Schenk glotzt jeden Tag aus dem Fenster. Drei Jungen aus der Nachbarschaft fuhren mit ihren Rädern auf dem Gehsteig im Kreis und Pauls Eltern waren zu Besuch bei Freunden. Klette, Steiffi und er spielten Skat. Wie oft am Samstagnachmittag. Sie tranken Bier, sie rauchten und aßen Kartoffelchips und spielten aus. Paul war gereizt. Alles ging ihm auf die Nerven. Er wollte allein sein und auch wieder nicht. Er wollte raus aus der Wohnung, wußte aber nicht wohin. Alles war ihm zuviel und zuwenig.
Dem Horror ein Ende machen: Den Schuhmeier mitsamt seinem Auto verschrotten. Der Schenk auf ihren Dutt scheißen. Die Alleebäume hintereinander in die Luft sprengen. Dem Kind gegenüber Waschpulver in den Mund füllen. Das wär was.

„Seid ihr langweilig", sagt er.
„Hat er was gesagt, Alter?" fragt Klette Steiffi.
„Ich hab nichts gehört", sagt Steiffi und trinkt aus der Flasche.
„Ihr seid kotzlangweilig", brüllt Paul.
Ich bin langweilig, denkt er, mir ist langweilig.
„Er will Streit", sagt Steiffi zu Klette.
„Logo!" Klette nickt.

Sie standen auf. Klette bog ihm beide Arme nach hinten. Steiffi ging langsam auf ihn zu, holte aus und drosch ihm vor die Brust, daß ihm die Luft wegblieb. Er riß sich los, trat nach Klette und sprang Steiffi an.
Sie rauften, bis sie schwitzten.
„Langweiler!" keuchte Paul. Steiffi trat erschöpft nach ihm, ohne zu treffen.
„Und jetzt?" fragte Klette. Er lag auf dem Boden.

Paul sitzt auf der Fensterbank. Unten geht ein Liebespaar vorbei. Er pfeift dem Paar nach und rülpst.
„Muß Liebe schön sein", sagt er und denkt: du bist neidisch. Du willst mit einem Mädchen spazierengehen, auf der Wiese sitzen, schmusen, erzählen, verliebt sein. Aber du kommst nicht ran. Du bist schüchtern, wenn du mit einem Mädchen alleine bist. Du weißt nicht, was du sagen sollst, hast Knoten in den Armen und Schwitzhände. Schaust mit Hundeaugen. Da bist du gar nicht mehr cool, hast Angst, daß sie über dich lachen . . . Weiber habens leichter, brauchen bloß zu warten. Quatscht einer doof, können die die Schultern zucken und abdrehen. So einfach ist das. Scheiße.
„Heute ist in der Auerstraße eine Fete", sagt Steiffi.

Sie trafen sich um sechs im Freizeitheim. Die meisten Mädchen standen mit einem Freund rum oder gehörten zu bestimmten Cliquen.
„Kinderfest!" sagte Klette. „Hab ich mir gleich gedacht."
Klette spinnt, dachte Paul. Vor dem Heim waren eine Menge Maschinen gestanden. Auf jeder Maschine wird heute eine Braut sitzen. Das ist so. Mit Fahrrädern lief da nichts.

„Albert, schieb mal drei Bier rüber", sagte Steiffi zu dem Sozialarbeiter hinter der Theke.
„Ihr seid noch nicht sechzehn!"

„Sind wir hier auf'm Kinderfest oder wie seh ich das?" Paul sagte das ganz cool.
„Okay!" sagte Albert. „Aber nur eins."
„Is ja gut, Alter!" Steiffi schob drei Mark über den Tresen.

Am Eingang stehen drei Mädchen.
Paul sieht: Drei Bräute.
Steiffi denkt: Drei Bräute solo.
Klette sagt: „Drei Bräute solo. Das ist ja geil."
Die Mädchen standen unsicher rum und setzen sich an den ersten Tisch.
Steiffi nimmt sein Bier. Klette und Paul hinterher. Sie gehen nicht zu schnell und nicht zu direkt auf den Tisch zu.
„Hallo!" sagen sie am Tisch und setzen sich. Die Mädchen sehen sich an. Kichern.
„Euch hab ich hier noch nie gesehen", sagt Steiffi und bietet seine Zigaretten an.
„Wir euch auch nicht!" sagt die Blonde und nimmt eine.
„Macht ja nichts", sagt Paul und lacht.

Ich find die Sprüche von Steiffi und Klette blöd. Aber irgendwas mußte ja sagen. Ich habe zu der mit der Elvis-Jacke gesagt, ob wir uns nicht schon mal begegnet sind, weil ich mich an die scharfe Jacke erinnern könnte. Und Klette hat dann gefragt, auf welche Schule sie gehen und wir haben etwas über ihre Schule geredet. Und dann haben wir gesagt, daß Schule Schule und Schule Scheiße ist. Ich bin dann aufgestanden und hab Cola für die besorgt.
Ein Glück, daß Albert jetzt die Musik aufdreht. Brauchste nicht mehr viel quatschen. Ich hab die Elvis-Jacke gefragt, ob sie tanzt, hat sie genickt. Sind wir alle auf die Tanzfläche.
Albert hat Elvis aufgelegt. Steht er drauf.
Und dann hat die Rock getanzt.
Ich hab gedacht, ich werd nicht mehr. Die Elvis-Jacke find

ich echt gut bei ihr. Die heißt Monika.
In der Pause ist sie mit den beiden anderen auf die Toilette gegangen.
Wir saßen am Tisch.
Ich versteh nicht, warum die Weiber immer zusammen aufs Klo gehen. Ist aber so!
„Meine Alte ist heute nicht zuhause!“ sagte Steiffi.

Die drei kamen zurück. Tanzen macht locker, kannste sagen, was du willst. Ich hab sie gefragt, ob sie Bob Dylan kennt. Mit dem ist sie in die Schule gegangen, hat sie gesagt.
Bei Stevie Wonder wurde es langsam und eng. Monika hat grüne Augen. Unter der Elvis-Jacke hat sie ein T-Shirt und unter dem T-Shirt Busen.
Irrer Busen, findet Paul. Er flüstert ihr ins Ohr: „Du hast schöne Augen.“
Sie lächelt.

Es ist kurz vor zehn.
„Baby, hier ist gleich Schluß. Wir gehen zum Steiffi. Kommste mit?“ Baby, sagt Paul und das klingt doof bei ihm, findet er.
„Okay“, sagte Monika und nahm Pauls Hand.
Mensch, dachte er, die kommt mit. So einfach geht das. Das darf doch nicht wahr sein!
Klette steht mit der Blonden am Eingang.
„Ey, Alter“, sagt er, „sie muß heim. Ich bring sie nach Hause. Logo, oder?“ Dabei verdreht er die Augen.
„Tschau!“
Paul nickt.
Sie gingen zu viert zu Steiffi.
Steiffi zündete Kerzen an und holte Whisky und Cola aus dem Kühlschrank. Sie setzten sich auf den Boden, tranken, rauchten und hörten Musik.

Steiffi knutschte mit Marlies. Bei Paul wirkte der Alkohol. Er wurde albern.
Es war gar nicht schwer, den Arm um Monika zu legen. Er küßte sie. Er faßte an ihren Busen. Es war ganz einfach.
Plötzlich hatte Monika beide Arme um ihn und zog ihn an sich und küßte ihn, mit Zunge. Sie lagen auf dem Teppich. Jetzt wurde es ernst. Er hörte sein Herzklopfen im Ohr.
Steiffi machte den Vorschlag, um Kleiderstücke zu pokern. Paul war froh. Er setzte sich auf.
Steiffi holte die Karten.

Paul verlor das erste Spiel und zog seine Schuhe aus. Dann verlor Monika. Sie zerrte an ihren Stiefeln. Bekam sie nicht aus. „Mistdinger!“ sagte sie und zog sich das T-Shirt über den Kopf. Ganz schnell ging das. Sie hatte einen durchsichtigen BH an.
Steiffi pfiff durch die Zähne. Monika machte sich nichts draus.

Paul bekommt Angst. Wenn die merkt, daß ich null Erfahrung hab, dann lacht die mich aus.
Ich kenn die doch gar nicht. Die geniert sich überhaupt nicht. So eine Sau. Die treibts doch mit jedem. Ich zieh mich nicht aus. Ich nicht. Ich will das nicht. Schon gar nicht vor den anderen.
Paul war betrunken. Die Lichtkreise der Kerzen drehten sich gegeneinander. Hinter der Kerze sitzt Graf Dracula und an seiner Seite Lady Horror. Steiffi und Marlies lachten.
Sie lachen mich aus, dachte Paul dumpf.
Er stand auf, schwankte nach draußen.
Irgendwann kam er nach Hause. Er fiel aufs Bett, ohne sich auszuziehen. Ihm war kotzübel.

Am nächsten Nachmittag ging Paul zu Steiffi. Er fühlte sich beschissen.
Steiffi lag noch im Bett und lachte, als er ihn sah.
„Mann, warst du besoffen“, sagte er und zündete sich eine Zigarette an. Auf dem Boden standen überfüllte Aschenbecher und leere Flaschen. Im Zimmer roch es nach abgestandenem Rauch.
„Was war denn noch?“ fragte Paul nebenbei. „Ich meine als ich weg war.“
„Da gings erst richtig los“, sagte Steiffi und ging würdevoll ins Bad.
Später kam Klette. Er schwärmte von der Blonden.
„Die küßt nicht schlecht, und auch sonst: Volles Programm!“
Paul zündete sich eine Zigarette an. Er mußte husten. „Wenn ich nur nicht so besoffen gewesen wäre, dann . . .“
„Was dann?“ sagte Steiffi. „Alter, du hast gekniffen!“
„Logo!“ sagte Klette. „Den Schwanz hat er eingezogen! Könnte mir ja nicht passieren.“

Scheiße, ja, mir ist es passiert. Tun so, als wenn ich jetzt ein kleiner Junge wäre. Und sie die großen Macker.
Glaub eh nicht, daß die wirklich rangekommen sind.
Und wenn, dann ist es mir auch wurscht.

Was ganz Großes machen

Paul lag im Freibad auf der Wiese und versuchte zu lesen. Es ging nicht, weil Mädchen Bikinis tragen.
Als sie ins Becken sprang, hat er sie gesehen. Er setzte sich auf.

Das ist die Rote! Paula aus dem Konfirmationsunterricht.
Paul hebt die Hand, als sie aus dem Wasser kommt, will winken.
Die kennt mich ja doch nicht mehr. Quatsch! Er läßt die Hand fallen.
Hingehen. Mit seinen dünnen Beinen? Klette hatte neulich wieder gesagt: Wenn der Storch dich erwischt, dem du die Beine gestohlen hast?!
Keine Panik, Paul. Zieh dir die Jeans an. Hol dir eine Cola und geh ganz zufällig vorbei.
Beinahe hätte er sich wegen Paula konfirmieren lassen. Aber davon konnte sie nichts wissen.
Paul verfolgte Paula mit den Augen. Sie setzte sich unter einen Baum. Da war auch ihre Freundin. Kiki oder wie die hieß. Und ein Typ!
Scheiße, hab ich mir doch gedacht.
Vielleicht ist das nur ihr Bruder? Oder der Freund von Kiki. Guckt nicht mal, wenn die kommt.
Paula schüttelte ihre nassen Haare über ihm.
Also nicht Kikis Freund.
Das muß ihr Bruder sein. Ich will, daß der ihr Bruder ist.
Hingehen bring ich nicht. Wenn wenigstens Klette da wäre. Sie soll jetzt herschauen.
Aber sie schaute nicht mal in seine Richtung.

Paul zieht sich die Jeans an und geht nah an Paula vorbei. Nichts. Sie schaut nicht her.
Er kauft sich die Cola und geht wieder vorbei. Wie zufällig. Ja! Jetzt hat sie ihn gesehen. Keine Reaktion. Nichts.
Scheiße! Geh doch hin, Paul Krombacher. Trau dich doch. Was ist denn dabei. Steiffi bringt das täglich.
Ihm fällt nichts ein. Steiffi fällt immer was ein. Geschichten, die er beim Erzählen übertreibt, maßlos übertreibt, aber gut.

Paul schrumpfte auf dem Weg zu seiner Decke. Als er sich hinsetzte, kippte die Cola-Flasche um. Auch das noch!
Er packte sein Zeug zusammen. Als er aufsah, war die Decke drüben leer.
Er schlich nach Hause und legte sich aufs Bett.
Seine Mutter kam ins Zimmer, fragte, was mit ihm los sei.
„Was soll schon los sein. Nix!" sagte er. Das ist es ja. Er drehte sich zur Wand und hoffte, daß sie nicht mit ihrer Ach-Junge-du-kannst-doch-deiner-Mutter-alles-sagen-Tour kommt.
Sie sagte: „Es ist doch so schönes Wetter draußen."
„Genau!" sagte Paul und dachte, sie soll jetzt abhauen oder es passiert was.
Paul ging ins Badezimmer, kämmte sich und schaute in den Spiegel. Pickelgesicht, dachte er.
Abhauen müßte man. Einfach abhauen. Mit einer Honda nach Griechenland. Die Rote entführen; von der Straße wegpflücken. Nicht fragen, möchtest du vielleicht . . . darfst du? Einfach auf die Maschine setzen und fahren. Bis der Tank leer ist. Und zwar sofort. Ich müßte sofort zu meiner Honda gehen und starten.
„Und welche Honda?" fragte Paul das Pickelgesicht.

Er ging ins Freizeitheim. Klette war da.
„Arschloch!" begrüßte ihn Paul.
„Was ist denn los?" fragte Klette.
„Wenn man dich wirklich mal braucht!"
„Ärger gehabt?"
„Ärger gehabt! Ärger gehabt! Im Freibad waren zwei aus deiner Klasse."
„Und?"
„Kiki heißt die eine, glaub ich, und die Rothaarige, die Paula", sagte Paul. „Ich kenn die aus dem Konfer."
„Und?"

„Was heißt und?“ Paul war aufgebracht. „Ich steh auf der Roten. War aber ein Typ dabei.“
„Und?“
„Und, und, und! Meinste ich will ne Abfuhr?“
„Haben sie dich abfahren lassen?“ Klette wurde neugierig.
„Ich bin gar nicht angefahren!“
„Mehr war nicht?“ Klette grinste und lehnte sich an die Wand.
„Also. Erstens hab ich gesagt, daß ich nur vielleicht kommen kann. Und zweitens kannste dir die Rote aus dem Hirn blasen. Die ist ne Nummer zu groß für dich. Die läßt keinen ran. Die hat auch den Hansa stehen lassen. Und das ist echt ein cooler Typ.“
„Mir doch egal.“ Klette versteht nichts. Absolut nichts. Er hätte überhaupt nicht davon anfangen sollen.
„Paule“, sagte Klette und legte ihm die Hand auf die Schulter, „Paule, du machst dich unglücklich, kannste mir glauben. Habs doch selbst schon probiert bei der. Da läuft nix, absolut nix. Komm wir flippern ne Runde.“
Klette warf 50 Pfennig ein.
„Fang an“, sagte er zu Paul.
Sie flipperten.
„Hat die Rote einen Bruder?“
„Weiß nicht.“ Klette schaute gelangweilt in die Runde. „Kann schon sein. Aber der hilft dir auch nicht. Spielen wir um ein Bier?“
„Scheiße. Ich find die Rote wirklich gut!“ sagte Paul.
Die Kugel rollte durch.
„Mach dir nichts draus, Junge“, sagte Klette und ließ seine Kugel nach oben schnellen. „Das passiert dem stärksten Typen. Was ist nun mit dem Bier?“
„Von mir aus.“ Paul war ungeduldig.
„Warst eben nicht in Stimmung“, redete Klette weiter. „Außerdem bringt dir die Frau nix. Kapier das doch endlich. Toll

was!?“ Klette hatte die Kugel aufgefangen und auf den 500er-Punkt plaziert.
Wenns ernst ist, kann der nur Stuß reden, dachte Paul. Aber vielleicht hat er recht. War eben nicht in Stimmung.
„Man müßte ein Ding drehen“, sinnierte Paul vor sich hin. „Ein ganz großes Ding.“
„Du bist dran!“ sagte Klette.
„Hä?“ Paul träumte. Er hatte den Kopf auf den Ellbogen gestützt.
„Deine Runde, die letzte.“ Klette zog ihm den Arm weg. „Ich bin 1000 vorne, Alter!“
Paul stützte sich wieder auf.
Auf jeden Fall muß das Große so groß sein, daß nicht Paul Krombacher hinter den Weibern herläuft, sondern die Weiber hinter ihm.
Die Kugel rollte außen weg. Zählte nur 100 Punkte für Paul.
„Mach dir nichts draus, Alter.“ Klette sagte zu Albert: „Ein großes Bier auf die Rechnung dieses Herrn.“
„Wie oft soll ich euch noch sagen, daß ihr hier kein Bier kriegt?“ schimpfte Albert, der Sozialarbeiter.
„Bitte!“ sagte Klette. „Wenn du willst, daß wir unsere Jugend in der Kneipe verbringen, bitte!“

Die Rote, dachte Paul als er nach Hause ging.
Nach den Sommerferien sollte seine Realschule mit dem Gymnasium zusammengelegt werden. Und Klette und die Rote gingen aufs Gymnasium.
Paul und Paula, dachte er.

Nach den Ferien. Auf dem Schulhof.

Vor jeder großen Pause macht der Hausmeister die Hälfte der Tür zu. „Damit nicht so gedrängelt wird!“ Der Hausmeister ist blöd. Deswegen wird gerade gedrängelt.
Paula findet Drängeln am schönsten, wenn welche da sind, die sie mag. Paula mag Baumi. Baumi segelt vom Treppenabsatz in die Menge und schreit: „Weiber! Überall Weiber!“
Baumi ist ständig auf der Suche nach „Material“.
Baumi darf Paula anfassen.
Aber nur beim Drängeln. Weils da nicht ernst ist.
Paula ist saugutes Material, sagt Baumi.

Einmal ist Baumi ernst geworden. Auf dem Fest bei ihm zuhause. Die halbe Klasse war da. Sie haben auf der Terrasse gesessen und rumgeblödelt. Paula hat mit Baumi *King-Kong sucht die weiße Frau* gespielt. Paula konnte vor Lachen nicht weiterrennen, ließ sich auf der Treppe fallen. Da hat er sie erwischt. Am Fuß. „Ey, Paula!“ hat er gesagt und sie geküßt. Und dann war sein Gesicht nicht mehr King-Kong. Sie war erschrocken. „Spinnst du!“ hat sie gesagt und ihn weggeschubst. Baumi sah verlegen aus.
Paula hat ihn angetippt.
„Ey, King-Kong, was is’n los. Spielen wir weiter?“
„Vergiß es!“ hat Baumi gesagt.
Auf der Treppe hat sie ihn gefragt: „Böse?“
„Quatsch!“ hat er gesagt.

Paula fühlt den dicken Olaf-Arsch an ihrem Bauch. Stößt mit der Nase an sein schwitziges T-Shirt. Der stinkt schon wieder

nach Salami-Brot. Neben ihr riechts nach Leberwurstbrot. Das Wurstbrot gehört der Sonnenbrille. Die Sonnenbrille gehört der Anni. Anni sagt: „Mach dich doch nicht so an den Olaf ran! Der kommt ja schon ins Schwitzen, der Arme." Olaf dreht sich empört um: „Hör auf zu schubsen. Und du hör auf zu spinnen", sagt er zu Anni. Paula kichert.
„Laßt mich durch! . . . Ich habs eilig! . . . Kannste mich mal durchlassen? . . . Kannste mal von meinem Fuß runtergehen? . . . Rutsch doch mal. Ich muß hier durch!"

Sie sieht Paul sofort. Er steht am Fahrradständer. Der Fahrradständer ist der Stammplatz der Zehnten. Wieso steht Klette neben Paul? Der geht doch in ihre Schule und in ihre Klasse, in die Neunte.
Paula würde gerne zum Fahrradständer gehen. Aber das geht nicht. Der Stammplatz der Neunten ist drüben bei den Büschen. Sie könnte rübergehen, wenn sie jemanden am Fahrradständer kennen würde.
Klette kennt sie. Aber Klette lästert immer. Kiki verarscht er auch, seit er weiß, daß Kiki auf ihm steht.
Wenn sie ein Fahrrad hätte, könnte sie hingehen. Aber sie hat keins.
Paul redet mit Klette.
„Glotz nicht so! Dir fallen die Augen raus!" Kiki hält ihr eine Apfelsinenscheibe vor die Nase. „Willste?"
Paula schüttelt den Kopf. „Wo warst du denn? Ich hab dich gesucht!"
Kiki glaubt ihr nicht. „Haste ihn gesehen?"
„Nee! Du?"
„Willste den nicht einladen zum Klassenfest?"
Paula sortiert mit ihrem Fuß Kieselsteine nach Größe.
„Wen einladen?"
„Sieht doch jeder, daß du verknallt bist!"
Paula guckt hoch: „In wen denn?"

Was Kiki gesehen hat, hat sie gesehen. „Der glotzt doch genauso wie du. Sieht doch jeder, daß da was läuft."
Kiki müßte jetzt zu Klette gehen. Dann könnte sie mitgehen. Nur mitgehen.
„Los, wir gehen einfach hin!" Kiki kann Gedanken lesen.
Paula nickt. „Aber du zuerst!"
Kiki wackelt mit dem Arsch und geht los.
„Komm doch!" Sie dreht sich zu Paula um.
Paula geht hinter Kiki her. „Hör auf damit. Du siehst aus wie Daisy Duck."

Paula sieht den Fahrradständer. Sieht das Wellblechdach. Ein altes Fahrrad. Ein rotes mit Drahtkorb. Das ist Kikis. Ein Rennrad. Ein lila Trödelrad. Gehört der Sonnenbrille. Zwei Holländerräder. Ein grünes Rennrad. Paul.
Und Paul guckt zu ihr.
Das hat sie gewußt, daß Klette sagt: „Hallo ihr Süßen! Kann ich was für euch tun?"
„Aber ja, Süßer, den Mund halten!" sagt Kiki.
„Deinen oder meinen?"
Kiki streckt ihm die Zunge raus.

Paula steht neben Paul. Paul soll nicht merken, daß sie verlegen ist.
„Ich kenn dich übrigens. Voriges Jahr. Aus dem Konfer! Weißte noch?" sagt sie. Sagt das in einem Durchzug. Paul nickt.
„Ist ja interessant!" Klette pfeift durch die Zähne.
Der soll seinen Mund halten.
„Was machst'n so? Außer Schule?" fragt sie Paul.
„Ich geh ab und zu in die Auerstraße ins Freizeitheim."
„Bin ich auch vertreten", sagt Klette.
Paula fällt nichts mehr ein. Wer sagt jetzt was?
Einer muß was sagen.

Paul fragt: „Kennst du das?"
„Was?"
„Das Freizeitheim!"
„Nein, kennen direkt nicht. Aber gehört hab ich davon."
„Dann komm doch mal. Da ist auch ein Pfarrer, aber der ist in Ordnung."
Paula verzieht ihr Gesicht. „Mein Alter kriegt einen Anfall, wenn der Auerstraße hört."
„Warum?" fragt Paul.
„Weiß nicht. Wegen Haschisch, Kommunisten, Terroristen und Matratzen und so."
Paul lacht: „Matratzen stimmt!"
„Ich muß dem ja nicht sagen, wo ich hingehe."
„Stimmt!" sagt Paul.

„Wir machen am Samstag ein Klassenfest", sagt sie zu Paul. „Da brauchen wir noch Jungs." Sie schaut zu den Fahrrädern, besonders zu dem grünen Rennrad.
Paula guckt Paul an. Der hat nicht gesagt, ob er kommt. Sie möchte gern, daß er kommt. Wenn mans genau nimmt, wahnsinnig gern.
„Das Klassenfest fängt um sechs an. Am Samstag." – „Kommst du?" fragt sie und schaut wieder zum grünen Rennrad.
Paul guckt jetzt auch zum Rennrad. Das wird immer grüner.
Es klingelt. Die Pause ist zu Ende.
„Mal sehen", sagt Paul, „wenn nichts dazwischen kommt."
„Wenn du keine Lust hast, brauchst du nicht zu kommen."
Paula geht, dreht sich nochmal um: „Tschüß!"
„Tschüß!" sagt Paul. „Vielleicht komm ich doch."

Paula in ihrer Klasse

Ich werd verrückt, wenn der wirklich kommt.
Ob der das ernst nimmt, was ich gesagt habe: Weil wir noch Jungs brauchen? Hoffentlich nicht!
Ich reiß die Schule ein, wenn der kommt.

Was haben wir? Ach du liebes bißchen . . . Welche Stunde haben wir denn jetzt? Ausgerechnet Geschichte.
Wo sind wir überhaupt? Napoleon?
Der Feldzug nach Rußland. Danke, ich steige aus. O Gott, jetzt kommt der auch noch auf mich zu. Was hat der gefragt? . . . Keine Ahnung von nichts. Ich hab nicht zugehört, und gelesen hab ich auch nichts.
Bitte, lieber Gott, laß ihn vorbeigehen!
Wunderbar, er geht vorbei.

Ob wir uns küssen?
Paul. Wenn der kommt, geh ich auf ihn zu und sage: Tag Paul! Toll, daß du gekommen bist.
Nein, das ist blöd.

Und wenn der nicht kommt?
Vielleicht hat der nur so gesagt, daß er kommt. Mal sehen, vielleicht, wenn nichts dazwischen kommt, hat er gesagt. Das heißt, daß er kommt.
Und wenn der meinen Arsch gesehen hat? Dann kommt er wahrscheinlich nicht.
Bis Samstag sind's noch zwei Tage. Wenn ich heute abziehe, nur noch anderthalb.

Zur gleichen Zeit: Paul in seiner Klasse

Paul hat den Kopf aufgestützt.
Auf dem Tisch liegt ein Blatt. Auf das Blatt soll ein Aufsatz.
Paul träumt. Er liegt auf der Wiese im Schwimmbad. Neben ihm liegt Paula auf der Decke.
„Haste was mit der Roten?“ Rudi stößt ihn an. Rudi sitzt neben ihm in der Klasse.
„Laß mich in Ruhe!“

Die anderen schreiben. Paul schreibt nicht.
Paul träumt seinen Arm um Paula.
Klette kommt vorbei. Klette sieht Paul und Paula. Klette stolpert. Klette läßt die Cola fallen.
Sie lachen und sehen sich in die Augen.

Paul grinst vor sich hin und malt Kreise aufs Papier.
Blaue Augen hat sie. Ihr Mund ist ganz nah. Ihr Mund ist wahnsinnig schön. Sie macht die Augen zu. Paul kitzelt mit einem Grashalm ihre Nase. Sie kichert. Paul sieht, wie ihr Mund näher kommt. Er macht die Augen zu. Spürt ihre Lippen.

„Abgeben!“ sagt Schulze und faltet seine Zeitung zusammen.
Wieder eine Arbeit versaut.

Paul schaut aus dem Fenster. Blauer Himmel. Wie Paulas Augen.
Was hab ich gesagt? Vielleicht komm ich. Mal sehen.
Ich Idiot!

„Sei aber bitte wirklich um halb elf zuhause!“
Bloß schnell weg. Sonst sieht die noch, wie ich mir die Augen geschminkt habe, die Sicherheitsnadeln an den Jeans und die verwuschelten Haare.

Paula rennt bis zur nächsten Ecke. Bleibt stehen.
Endlich! Sie atmet tief. Sie ist aufgeregt.
Ob Paul jetzt auch von zuhause losgeht? Ob er an sie denkt?
Am liebsten würde sie den ganzen Weg zur Schule rennen.
Bleib normal, Paula! Es ist ein ganz normaler Tag. Du gehst ganz normal eine ganz normale Straße lang. Und das Klassenfest ist auch normal. Überhaupt ist alles normal.
Das ist bestimmt, weil ich verliebt bin. Verliebt?
Ich und verliebt?
So was Verrücktes!

Paul ist noch nicht da. Hat sie geahnt, daß sie viel zu früh kommt. Sie hätte doch trödeln sollen. Zur Schule trödeln dauert 12 Minuten.
Laufen 7 Minuten, und Rennen 4.
Paula ärgert sich. Ärgert sich über ihre Mutter. Wegen der ist sie zu früh losgegangen.

„Du willst doch nicht etwa so gehen? So gehst du nicht! Auf gar keinen Fall. Wie alt bist du eigentlich?“
„Fünfzehn!“
„Na also!“
„Was na also?“

„Hast du denn kein Gespür dafür, daß du so nicht rumlaufen kannst? In deinem Alter!"

„Wie lauf ich denn rum?"

„Du weißt genau, was ich meine!"

„Nö."

„Den Busen braucht ja nun nicht jeder gleich zu sehen, nicht wahr, meine Liebe?! Dazu bist du zu jung!"

„Wieso? Bin ich zu jung für meinen Busen?"

„Dreh mir nicht das Wort im Mund rum. Du weißt ganz genau, daß ich die Bluse meine."

„Was ist denn mit der Bluse?"

„Die ist durchsichtig. Wenn du nicht gleich alles zeigst, bist du viel reizvoller."

Paula war die Bluse sowieso zu lang.

„Bevor du gehst, komm bitte ins Wohnzimmer. Vati will dir noch was sagen."

Wenn die nicht weiter weiß, will Vati mir immer noch was sagen.

Paula zog sich ihr T-Shirt an. Das zu kurze, weiße. Wenn sie die Schultern hochzog, konnte man den Bauch sehen.

Für meinen Bauch bin ich schließlich alt genug, dachte sie.

Sie ging ins Wohnzimmer. Die Mutter schaute sie mit ihrem Warum-denn-nicht-gleich-so-Blick an.

„Ich hab mich früher gefreut wie ein Iitsch vor so einem Fest", sagte sie. „Warum machst du denn so ein Gesicht?"

Der Vater tippte auf die Armbanduhr. „Um halb elf bist du zuhause!"

Viel wars ja nicht, was der noch sagen wollte.

„Hey, Kiki!" Paula setzt sich neben Kiki auf einen Tisch. „Schon lange da?"

Klette tanzt allein.

Paula stößt Kiki an. „Wieso tanzt du nicht mit ihm?"

„Ach der!" Kiki nuckelt an ihrer Cola und baumelt mit den Beinen.
Paula guckt. Besonders zur Tür.
Olaf und der Ziegler stehen blöd rum.
Elvis singt.
Paula springt vom Tisch.
„Los, Kiki, tanzen. Elvis!"
„Ach der!" Kiki nuckelt an ihrer Cola.
Paula tanzt.
Sie sieht Paul. Er steht an der Tür.
Sie hat gewußt, daß er kommt.

Paul ist da.
Paula tanzt weiter, als ob sie nichts gesehen hätte.
Paula, was ist denn los? Du wolltest doch sagen: Toll, daß du gekommen bist!
Die Platte ist zu Ende, jetzt kannst du hingehen.
Siehst du nicht, daß der schüchtern ist?
Richtig verlegen steht der da.
Paula tanzt weiter.
Spinnst du! Tust so, als wenn Paul nicht da wäre. Dabei schaut er dich die ganze Zeit an.
Wenn das Stück zu Ende ist, geh ich hin.
Paula geht zu Kiki. Versteckt sich bei Kiki.
Hält sich an der Cola fest.
Der geht gleich wieder. Zeig doch, daß du dich freust. Der denkt, du verarscht ihn. Du hast ihn doch eingeladen. Paula!
Na endlich!

Paula geht zu Paul. Sagt: „Du bist ja doch gekommen!"
Und Paul sagt: „Klar!"

Paula zieht ihn auf die Tanzfläche. Paula legt die Hände auf Pauls Schultern.

Sie könnte die Arme ganz um seinen Hals legen. Wie Marlene bei Harald. Aber sie traut sich nicht.
So nah ist sie Paul noch nie gewesen. Paula hat noch nie seine große Nase so nah gesehen.
Sie sieht Paul in die Augen.
Er hat grüne Augen.
Sie ist verliebt.

Später:

Sie gehen die Straße entlang.
Es ist halb elf.

„Mußt du immer so früh zuhause sein?" fragt Paul.
„Ja, außer manchmal."
„Wie lange darfst du da?"
„Bis elf, manchmal bis zwölf."
„Wer ist denn schärfer? Dein Vater oder deine Mutter?"
„Wie meinst'n das?"
„Mit wem kriegst du mehr Stunk, wenn du später kommst?"
„Mit meinem Vater", sagt Paula, „aber ich mach mir nichts draus. Und du?"
Ich könnte die ganze Nacht mit dir gehen, denkt er und sagt:
„Och, meine Alten sagen nichts."
„Kannst du nach Hause kommen wann du willst?"
„Ja schon. Aber ich will nicht."

„Wie alt bist du eigentlich?" fragt Paula.
„In zwei Jahren bin ich volljährig", sagt Paul. „Und du?"
„Knapp fünfzehn."
„Sieht man dir gar nicht an."
„Wie meinst'n das?"
„Ich mein, du siehst . . . du wirkst irgendwie reifer."
„Findste? Hat dir das Klassenfest gefallen?"
„Klar!" sagt Paul.
„Und das Tanzen?"
„Auch. Gehste morgen mit Schwimmen?"
„Mal sehen", sagt Paula. „Wenn nichts dazwischen kommt."

„Da oben, siehst du? Der große Bär."
„Wo?" fragt Paula.
Paul stellt sich nah neben sie und legt seinen Arm um ihre Schultern und zeigt zum Himmel.
Paul hätte stundenlang so stehen können.
Paula auch.
„Ich muß mich beeilen", sagt Paula.
„Schade! Und was ist mit morgen? Mit dem Schwimmen?"
„Ich komme!" sagt Paula.

Paul steht vor einer großen Truhe mit aufgemalten Vögeln und Blumen. *1791* steht da. Oder *1797?* Jedenfalls uralt, denkt er, und fühlt den weichen Teppich unter den Füßen. Über der Truhe hängt ein riesiger Spiegel mit Holzrahmen.
Er sieht sich im Spiegel. Ausgelabertes T-Shirt. Dieser Lederschnürsenkel um den Hals sieht auf einmal ziemlich albern aus.
„Setzen Sie sich doch", sagt Paulas Mutter. Sie lächelt ihn freundlich an und geht mit ihm in das Wohnzimmer.
Paul versinkt in einem schwarzen Ledersessel. Der gibt einen komischen Ton von sich. Sie setzt sich ihm gegenüber, schlägt ein Bein über das andere und lächelt immer noch. Paul fragt sich, warum sie so lächelt.
Wie die die Zigarette hält! Ob sie ihm eine anbietet?
Sie fragt ihn, ob er was trinken will. Sprudel? Limo? Ihm ist alles recht.
„Cola?"
Paul nickt.
„Oder ein Bier?"
Paul nickt wieder. Ein Service ist das hier! Jetzt müßte Klette mich sehen. Von wegen, da stinkste ab. Die Frau ist ne Dame, und Klette ist ein Stinktier.
Die Dame ruft: „Paula! Bring doch bitte ein Bier mit aus dem Kühlschrank und ein Glas."
Paul sieht ein Regal mit Schallplatten. Drei lange Reihen mit Schallplatten. Halber Plattenladen hier. Paul streicht mit einer Hand über das Leder. Findet einen Lederknopf und dreht dran.
Wo bleibt Paula? denkt er.

„Sie sind in Paulas Klasse?" fragt ihn die Dame.
Paul beugt sich vor. „Nicht direkt", sagt er. Paula soll jetzt mit dem Bier kommen. Sein Zeigefinger ist unter dem Lederknopf und hebt ihn hoch.
„Komm, Paul, wir hauen ab!" Paula steht an der Tür und sagt: „Tschüß, Mutti!"
Schade. Er hätte gern das Bier getrunken.
„Aber Paula, warum denn so eilig?" fragt die Mutter. „Und wie siehst du denn aus. So kannst du doch nicht aus dem Haus gehen!"
Meint die den Schlapphut? denkt Paul. Oder die Jeans? Oder die Turnschuh? Oder das lange Hemd?
Ist doch alles normal!
Wahrscheinlich meint die die Buttons: *Nein danke!*
„Wieso nicht? Ist doch normal!" sagt Paula.
„Du hast das Bier vergessen!" sagt die Mutter. Sie lächelt Paul an, zieht die Schultern hoch und seufzt. Das Seufzen kennt Paul von seiner Mutter. Die seufzt immer so, kurz bevor sie heult. Paula hat nur das Bier vergessen. Das ist kein Grund zum Heulen. Er würde sich das Bier auch selber holen, wenn er wüßte, wo der Kühlschrank steht.

Paula kommt wieder. Ohne Hut. Mit Bier. Und mit ihrem Ihr-nervt-mich-Gesicht. Das kennt Paul von ihr, wenn Klette in ihrer Nähe ist und seine dämlichen Sprüche abläßt.
Neben Paula steht nicht Klette, sondern ein Mann, der sieht aus wie Henry Fonda.
Paula küßt Henry Fonda und sagt: „Tag, Vati!"
Henry Fonda strahlt und kommt auf ihn zu: „Ah, Besuch. Freut mich!"
Muß er jetzt aufstehen? Paul klebt am Leder.
„Bleiben Sie ruhig sitzen!" sagt Henry Fonda.
Paula gibt Paul die Bierflasche.

„Nein“, Paul schüttelt den Kopf, „direkt in die Klasse von Paula geh ich nicht.“ Jetzt kann er das sagen, daß er nicht aufs Gymnasium geht. Henry ist in Ordnung. Wie der ihm die Zigarette rüberschiebt!

„Und beruflich? Was wollen wir mal beruflich machen?“ Henry lehnt sich zurück und schlägt ein Bein über das andere. Das „wir“ findet Paul blöd.

Paula sagt: „Wir wollen jetzt gehen!“

Er würde gerne noch einen Moment bleiben und mit Henry reden.

Paul lehnt sich zurück und schlägt auch ein Bein über das andere.

„Biologe“, sagt er lässig.

Henry nickt anerkennend. „Sehr schön!“

„Aber jetzt geh ich erstmal ab“, sagt Paul.

„Abgehen? Bei der heutigen Wirtschaftslage?“ Henry macht ein erstauntes Gesicht. „Das würd ich aber nicht empfehlen!“

Henry zündet sich eine neue Zigarette an.

„Und was ist der Vater von Beruf?“

„Der ist Buchhändler.“

„Wir müssen jetzt wirklich gehn“, unterbricht Paula, „wir kommen sonst zu spät.“

„Wo solls denn hingehen?“ fragt Henry.

„Es gibt doch bald Abendbrot, Paula!“ sagt die Mutter.

„Nee! Wir wollen in einen Film“, sagt Paula.

„Bei dem schönen Wetter? Geht doch lieber spazieren“, sagt die Mutter.

„Nee! Wir wollen ins Kino!“ sagt Paula.

Henry will wissen in welches Kino, in welchen Film.

Paul sagt: „Kein Kino. Das ist im Freizeitheim in der Auerstraße.“

„Ah! In der Auerstraße“, sagt Henry und hebt die Augenbrauen.

Henry sieht plötzlich unangenehm aus.

Ach, du Scheiße, denkt Paul, Auerstraße. Der Film ist gelaufen.
Henry Fonda kippt aus den Stiefeln und Paulas Vater steht auf.

„Ihr schreibt doch morgen eine Mathematikarbeit?" sagt der Vater.
„Die verhau ich doch sowieso."
Die Mutter schaut besorgt von Paula zum Vater. Das Gesicht des Vaters wird streng. Er sagt was von Nachhilfestunden, die er Paula schon lange bezahlt. Und daß er das Geld nicht zum Fenster rausschmeißen würde.
„Du bist es schließlich, die das Schuljahr wiederholen muß", sagt er.
„Warum regst du dich dann auf?" Paula guckt böse.
„Das war jetzt wirklich nicht nett von dir, Paula!" sagt die Mutter spitz.
Paula schreit: „Bei Jens macht ihr nie so ein Theater. Der darf immer alles."
„Der macht uns auch nicht soviel Sorgen."
„Dazu ist der auch viel zu doof", sagt Paula.
Paul findet das witzig.
„Ich hoffe, wir haben uns verstanden, Paula!" Der Vater nimmt sich ruhig eine neue Zigarette. Leider vergißt er Paul.
Paul hat nichts verstanden.
Paul würde gerne fragen, was die Nachhilfe mit dem Kino zu tun hat und das Kino mit der Mathematikarbeit. Und warum die Dame auf einmal wie eine Spitzmaus aussieht. Paul würde gerne fragen, ob der Vater was gegen ihn hat. Der guckt zu Paula.
Paula schreit: „Warum darf ich denn nicht mit Paul ins Kino?"
Paul ist verwirrt. Paul hat nicht gehört, daß der Vater das verboten hat. Paul möchte was tun. Aufstehen und zu Paula ge-

hen und sagen: „Komm wir gehen jetzt."
Aber Paula schmeißt den Stuhl um und heult: „Scheiße! Laßt mich doch in Ruhe!" Sie rennt raus. Eine Tür kracht. Die Mutter seufzt. Der Vater raucht. Paul dreht am Lederknopf.
Der Vater steht auf und zieht sich die Jacke zurecht.
„Tut mir leid, junger Mann, da müssen Sie wohl allein in Ihren Film gehen."
„Ja", sagt Paul. Die Hand auf seiner Schulter ist ihm unangenehm.
Die Mutter bringt ihn zur Tür. „Tut mir leid", sagt sie.
„Kann ich noch mal zu Paula?" fragt er.
Die Mutter schüttelt bedauernd den Kopf. „Ein ander Mal, ja?"

Paul steht im Garten und denkt: Scheiße!

Bei Paul zuhause

Sie standen in einem engen Flur. Paul ließ seine Schultasche neben der Garderobe fallen und ging ein paar Schritte weiter an das Ende des Ganges, machte eine Tür auf und sagte: „Mein Zimmer!“
Paula stellte ihre Schultasche neben die von Paul und sah dabei in ein Zimmer.
„Mensch, habt ihr Bücher!“
„Das Zimmer vom Alten“, sagte Paul.
Überall Bücher. Wo keine Regale stehen, hängen Bilder. Der Schreibtisch quillt über von Büchern und Zeitschriften. Neben dem Bett liegen Bücher auf dem Fußboden. Aufgeschlagen, mit dem Rücken nach oben.
Im Zimmer hängt Tabakgeruch. Eine halbleere Rotwein-Flasche steht auf dem Tisch. Um den Tisch stehen Sessel, die nicht zueinander passen. Es sieht unordentlich aus. Gemütlich.
Paul war hinter ihr ins Zimmer gekommen und legte ihr seinen Arm um die Schulter.
„Hat die dein Vater alle gelesen?“ fragte ihn Paula.
„Weiß nicht“, sagte Paul und hob die Schultern. „Der ist Buchhändler. Die meisten kennt er wohl.“
„Ist ja irre!“ murmelte Paula.
Paul wußte, daß die Masse Bücher Eindruck macht. Er war froh, daß Paula nichts zu dem billigen Möbelwirrwarr sagte. Nichts paßte zusammen. Wenn überhaupt Möbel angeschafft wurden, dann immer irgendwoher, nur nie aus einem richtigen Möbelgeschäft.
„Komm“, sagte er, „geh mit rüber.“ Sie gingen in sein Zimmer.

Paula sieht eine Matratze auf dem Boden. Daneben ein Plattenspieler, ein Haufen Platten und Bücher. An den Wänden Sprüche und Zeichnungen. Über dem Schreibtisch hängt ein riesiges Bob-Dylan-Plakat.
„Du mußt ja irre Eltern haben."
„Abwarten", sagte Paul.
Sie waren allein in der Wohnung.
Sie ließ sich auf die Matratze fallen.
Paul kramte in den Platten.
„Wär ich froh, wenn meine Mutter auch arbeiten ginge, wenigstens halbtags", sagte Paula.
„Meine geht arbeiten, weil sie's zuhause nicht aushält", sagte Paul. „Ihr fällt die Decke auf den Kopf, sagt sie." Paul log. Seine Mutter mußte arbeiten, weil sie sonst nicht rumkamen.
Paul legte eine Platte von Bob Dylan auf.
„Magst du den?" fragte er.
Sie nickte.
Er zog ein paar vollgeschriebene Hefte aus dem Regal.
„Gibts jetzt auf deutsch. Von mir."
Paula blätterte in den Heften.
„Ist ja stark!" sagte sie.
„Ich mach uns Honigbrote. Willste auch ne Cola?"
„Nee, lieber ein Glas Milch."
Paula legte sich auf die Matratze und guckte an die Wand.
Sie las:
Ich denke, also spinn ich!
WIR (ICH) WOLLEN (WILL) ALLES & ZWAR SOFORT (WENNS GEHT). DANKE!
Dann in krakeliger Kinderschrift:
Ich bin klein/Mein Herz ist rein/Soll niemand drin wohnen/ ALS SCHWEINEREIN!
Das sollte ich mal an die Wand schreiben, dachte Paula, da wäre aber was geboten.
Sie hörte einen Schlüssel im Türschloß. Jetzt kommt seine

Mutter. Wenn die hier ins Zimmer kommt! Ich weiß nicht, was ich sagen soll.
„Hallo!“ sagte draußen eine Frauenstimme.
„Hallo Mutter!“ hörte sie Paul.
Mutter sagt der. Ich sag Mutti.
„Hast du eingekauft?“
„Nee, noch nicht!“
„Scheiße! Wieso denn nicht?“
Scheiße, sagt die. Das hatte Paula noch nie von ihrer Mutter gehört.
„Paula ist da. Wir waren spazieren und sind auch erst vor ner Viertelstunde gekommen“, hörte sie Paul sagen.
„Wo ist denn die Paula?“
O Gott, dachte Paula.
„In meinem Zimmer.“
Paula hörte Schritte. Paul soll kommen, bitte! Sie hatte sich an den Rand der Matratze gesetzt. Die Tür ging auf. Herein kam eine Frau, etwas dick, sie lächelte und sagte: „Ich bin die Mutter von Paul. Und du bist Paula, ja?“ Sie gab ihr die Hand.
Paul kam zur Tür rein. Honigbrote in der einen, eine Cola und ein Glas Milch in der anderen Hand. Die Milch schwappte über.
„Mutter, muß ich jetzt gehen? Kannst du nicht noch?“
„Junge, die Milch plempert!“ sagte sie, und zu Paula: „Nix als Sorgen mit die Blagen! Aber dafür wäscht du ab, das sag ich dir!“ Sie deutete auf Paul.
„Gut“, sagte Paul, „aber erst später.“
„Was heißt später?“
„Naja, ich will mit Paula noch weg.“
„Und die Schulaufgaben?“
„Mach ich auch später.“
„Und wann willste ins Bett?“
„Auch später. Ich muß morgen erst um 10 Uhr in die Schule.“

„Und Abendbrot?"
„Schon erledigt!" Paul hielt ihr die Brote hin.
„Wie ihr meint! Aber der Abwasch wird gemacht, Freundchen."
„Okay."
Die Mutter ging aus dem Zimmer.
„Läuft das bei euch immer so?" Paula war baff.
„Wie meinst'n das?"
„So lässig!" sagte sie.
„Naja, nicht immer. Die Alte hat sich angestrengt, weil du da bist", sagte Paul und grinste.
Paula deutete auf die Wand.
„Was meinst'n damit?" fragte sie mit vollem Mund.
„Mit was?"
„Soll niemand drin wohnen als Schweinereien?"
„Hat sich so gereimt", sagte Paul. „Richtig heißt's: Soll niemand drin wohnen als du allein. Hab ich als Kind gebetet. Jeden Abend. Stand meine Großmutter drauf. Heute würde ich sagen: Darf niemand drin wohnen als Paula allein."
„Hab ich gesagt, daß ich da einziehen will?"
„War ja nur ein Vorschlag", sagte Paul. „Ich dachte . . ."
„Ich denke, also spinn ich!" sagte Paula.
„Komm, wir gehen", sagte er schnell, „bevor meiner Alten noch was einfällt. Sowas hat sie drauf."
Paul zog Paula von der Matratze hoch.

Als sie unten waren, fuhr ein Opel-Rekord vor. Ein Mann stieg aus und lächelte Paula an.
Was ist denn mit dem los, dachte sie.
„Hallo, Vater!" sagte Paul und zu Paula: „Auch das noch."
Die gleiche große Nase wie Paul, dachte sie.
Der Anzug vom Vater war zerknautscht. Er hatte graue Schläfen und einen Bart auf der Oberlippe.

„Ist das Paula?" fragte er Paul und gab ihr die Hand. „Wollt ihr weg? Bleibt ihr nicht zum Abendessen?"
Was schaut mich der so an, dachte Paula.
„Nee", sagte Paul, „wir gehen noch'n bißchen. Vielleicht in die Auerstraße."
„Ich seh dich aber bald mal bei uns", sagte er zu Paula. „Paul hat erzählt von dir." Dabei nahm er eine Locke von Paulas Haar und zupfte ein bißchen dran.
Der Alte soll die Finger von Paula nehmen, dachte Paul.
Der ist nett, dachte Paula.
„Hast aber eine schöne Freundin, Junge", sagte der Alte.
Er kanns nicht lassen, dachte Paul.
„Also, tschüß, ihr zwei. Bis bald mal." Pauls Vater verabschiedete sich. Drehte sich nach ein paar Schritten noch einmal um, hob den Finger und sagte ernst: „Paul, aber nicht später als elf. Denk an unsere Verabredung!"
Verabredung hört sich gut an. Paula dachte an ihre Eltern. Verabredung war ein Fremdwort für die.
Wußte doch, daß der noch mal was nachschiebt, dachte Paul.
„Du gefälltst ihm", sagte er zu Paula.
„Ich find ihn auch nett", sagte sie.
Dacht ich mir doch. Alle finden ihn nett.

„Aber nach Hause kommen, wann du willst, darfst du auch nicht." Paula nahm Pauls Hand.
„Doch, eigentlich schon", sagte Paul, „das ist nur so eine Verabredung, also mehr freiwillig, verstehst du?"
„Aha!" sagte Paula und verstand nichts.

„Glaub mal nicht, daß mir das leicht fällt." Seine Mutter weinte. Sie tat ihm leid.

Sie schleimt sich aus, dachte er und er wußte, was sie jetzt sagen würde.

„Ich bleibe nur wegen euch", sagte sie. Paul nickte. Sie tat ihm leid, seine Mutter, wie sie so dastand, neben seinem Schreibtisch mit hängenden Schultern, und heulte.

„Mensch, Alte!" Paul nannte seine Mutter Alte, wenn er freundlich mit ihr war. Er stand auf, schob die Hefte zur Seite, setzte sich auf die Schreibtischplatte und legte seinen Arm um ihre Schultern. Ihm fiel nichts mehr ein. Was sollte er auch sagen? Er verstand den Streit der Eltern nicht. Verstand die Sticheleien der Mutter nicht, die regelmäßig handfesten Krach mit Geschrei und Türenschlagen brachten, und die Mutter zum Heulen.

Was der Vater damit machte, wußte Paul nicht. Er verließ dann meist die Wohnung.

Es war immer dasselbe. Ein mürrischer Blick, ein unfreundliches Wort beim Frühstück, ein Vorwurf beim Abendessen, das Geld, das immer fehlte.

„Aber für Kino ist Geld da", fauchte die Mutter, wenn der Alte ihr das Haushaltsgeld 20-Markschein-weise herausrückte.

Paul ging gern ins Kino und er mochte es, wenn sein Alter sagte: „Kino ist wichtiger als ein neuer Teppich." Paul mochte es aber nicht, wenn der Alte sagte: „Dein Scheißteppich interessiert mich einen Dreck!" Dann verstand er auch die Wut seiner Mutter, ständig um Geld bitten zu müssen.

„Dann kauf doch nichts mehr, wenn das Geld alle ist. Blanker Tisch beim Abendessen. Vielleicht kapiert ers dann!“ hatte er ihr gesagt. Das brachte sie aber nicht. Und da gabs auch noch Weibergeschichten, wie seine Mutter sagte.

Auch heute wars wieder klassisch gewesen. Vater kommt in die Küche ohne Guten-Morgen, Anzugsjacke in der Hand, vorwurfsvoll den Finger darauf: „Der Knopf fehlt, immer noch!“
Sagte sie: „Ja.“
Sagte er: „Was heißt hier ja?!“
Sagte sie: „Daß der Knopf immer noch fehlt.“
Niederlage für ihn. Er versuchts mit angehobener Stimmlage. Er sagt: „Es ist doch das mindeste, daß meine Sachen in Ordnung gebracht werden.“
Pause.
Sie kuscht, wird kleiner:
„Mann, ja, ich bin noch nicht dazu gekommen. Zieh doch bitte einen anderen Anzug an. Das ist doch nicht die Welt!“
Er setzt noch einen drauf:
„Herr Sohn und Fräulein Tochter sind wichtiger als ich. Natürlich. Ich habe hier ja auch nur das Geld abzuliefern.“
Jetzt dreht sie auf und durch: „Das ist doch eine Unverschämtheit. Laß dir doch deine Anzüge in Zukunft von deinen Weibern stopfen. Ich bin doch nicht dein Dienstmädchen. Und ich habe auch keine Lust mehr, das in deinen Jacken zu finden.“ Sie griff in die Küchentischschublade und holte ein Kuvert heraus und warf es auf den Boden. Später erfuhr Paul, daß es „ein Liebesbrief von irgend so einem Weibsstück“ war. Sein Vater knallte das Jackett auf den Boden, schmiß die Tür hinter sich zu, zog sich geräuschvoll in seinem Zimmer einen anderen Anzug an, warf dabei alle möglichen anderen Kleidungsstücke aus dem Schrank und verließ mit Türenschlagen die Wohnung. Mutter saß im Mor-

genmantel am gedeckten Küchentisch und heulte.
„Ich versteh das nicht", schluchzte sie.
Paul verstand auch nicht. Er verstand nicht, warum seine Eltern, die er beide mochte, nicht anders miteinander umgingen.
Paul mampfte sein Marmeladenbrot in sich rein. Seine Mutter wischte sich die Tränen ab.
„Ich muß gehen", sagte er, froh, dem bedrückenden Raum zu entkommen. Seine Mutter nickte traurig. Er stand auf und nahm sie in den Arm.
„Ach, wenn ich euch nicht hätte", sagte sie und die Tränen stiegen ihr wieder in den Augen.
„Dann hättest dem Alten in die Eier gezwickt, oder?"
„Paul!" Sie schüttelte empört den Kopf und kicherte etwas hinter den Tränen. „Paul, du Ferkel!"
Paul nahm seine Schultasche und ging zur Wohnungstür.
„Tschüß! Und nimms nicht so tragisch."
„Was hab ich bloß für Kinder!" sagte sie kopfschüttelnd, aber sie weinte wenigstens nicht mehr.

Als Paul um zwei aus der Schule kam, war seine Mutter zuhause. Sie fühlte sich nicht wohl und war deshalb nicht zur Arbeit gegangen.
Sie hatte dann noch mal über den Krach am Morgen geredet, hatte erzählt, daß sie den Brief von einer Frau in dem Jackett des Vaters gefunden hatte, hatte noch mal geheult.
Paul war nichts eingefallen, um sie aufzuheitern. Er konnte auch nicht auf den Alten schimpfen, auch dann nicht, wenn der was mit anderen Frauen hatte. Er verstand seine Mutter nicht, die sich das alles gefallen ließ und nur heulte.
Als er einmal vorgeschlagen hatte, sich vom Alten zu trennen, hatte sie geweint: Niemand verstehe sie, auch Paul nicht. Sie bliebe doch nur wegen der Kinder.
O Gott! dachte Paul, jetzt heult sie auch noch wegen dir. Das

halte ich nicht aus. „Ich mein das doch nicht so", hatte er gesagt. Aber er wußte nicht genau, wie er es meinte.
In ihm zog sich alles zusammen, wenn es Streit gab zwischen seinem Vater und seiner Mutter. Er fror manchmal, wenn ihm kein Witz einfiel, der die Familie zum Lachen brachte. Wenn alles stumm und gespannt war im Raum, jeder darauf wartete, daß wieder um das fehlende Geld oder das zu fette Essen oder irgendeine der Kleinigkeiten gebrüllt und geweint wurde. Dabei konnte alles so total gut sein, wenn sie abends zusammen Karten spielten, oder ins Kino gingen, oder der Alte etwas vorlas, wenn sie Baden gefahren waren oder Frisby spielten, über Gott und die Welt quatschten, wenn die Alten zusammen waren und lachten.

Paul hatte beschlossen, mit dem Alten zu reden. Daß das so nicht mehr läuft. Der quatscht doch immer, daß man über alles reden kann, reden muß.
Paul sagte das seiner Mutter.
Er sagte: „Ich halt das nicht mehr aus. Ich rede mit ihm, bevor hier alles ausflippt."
„Junge!"
Paul hatte den Eindruck, daß sein Plan die Mutter erschreckte.
Sie ging ans Fenster, stützte sich auf die Fensterbank und sah hinaus. Nach einer Weile sagte sie müde: „Ach, Junge, das hat doch keinen Zweck."
„Das wird sich rausstellen. Ich hab jedenfalls keine Lust mehr, ständig diese tierischen Streitereien abzukriegen." Und er hatte keinen Bock mehr auf Familienclown, wenns gefährlich wurde. Das verschob nur den Streit, brachte nichts.
Der Streit am Morgen hatte auch schon gestern abend begonnen.

Der Alte war später nach Hause gekommen als sonst. Hatte

aber nicht Bescheid gesagt. Wieder mal nicht Bescheid gesagt. Wieder mal war das Abendessen verbruzzelt. Die ganze Familie wartete auf den Alten. Mutter stocksauer.
Dann kam er. Fröhlich: „Hallo!"
Eiseskälte bei der Mutter. Müdes Grinsen bei Paul und Barbara. Paul hoffte, die Mutter würde ihren Grant aufgeben. Aber sie schwieg. Die Fröhlichkeit des Alten machte sie noch eisiger.
Er ganz ruhig: „Was is'n los?"
Sie schrill: „Das siehst du doch. Kannst du nicht Bescheid sagen, wenn du später kommst? Aber dir ist's ja egal, wie lang ich in der Küche steh."
Er: „Mann, fang nicht schon wieder damit an."
Sie, spitz: „So, ich fang an?! Habt ihr das gehört?!" Sie beugt sich vor und sieht einen Moment Paul und Barbara an. Mit einem Ruck sitzt sie wieder senkrecht: „Das ist ja die Höhe!" Sie steht fast auf dem Stuhl.
Paul windet sich. Der Alte kriegt einen bösen Schimmer ins Auge. Seine Schwester knibbelt am Tischtuch und schlägt die Augen nieder.
Paul hat die rettende Idee. Er klopft mit der Gabel laut auf den Teller.
„Meine Damen und Herren, das war die erste Runde. Der große Zampano ist gereizt. Elli, die Schreckliche, hat ihn gekratzt. Wir Zuschauer warten gebannt auf die zweite Runde. Ich glaube, ich verspreche nicht zuviel. Im Saal riecht es nach Blut und wir wollen es. Wir rufen dem schlagerfahrenen Ehepaar zu: Auf zur zweiten Runde!!!"
Seine Schwester kichert. Mutter kommt wieder auf den Stuhl runter. Der Alte grinst, nennt Paul eine Pflaume, sagt versöhnlich zur Mutter: „Ich hab vergessen anzurufen. – Tut mir leid." Die Mutter schluckte ihren Groll. Die Stimmung war einigermaßen eingerenkt. Bis zum Morgen eben.

Paul hatte die Schnauze voll, und das sagte er seiner Mutter und nahm sich vor, genau das auch seinem Alten zu sagen. Seine Mutter heulte schon wieder. Er hatte keine Lust mehr, den Tröster zu spielen.
Er ging zu Steiffi. Aber er ging mit einem schlechten Gefühl. Er wollte seiner Mutter nicht weh tun.

„Kannste vergessen“, sagte Steiffi als Paul ihm von dem Streit zwischen seinen Eltern erzählte.
„Kannste ehrlich vergessen. Sei froh, wenn sie sich nicht prügeln. Bei denen läuft nix mehr. Sense – aus – vorbei – Deadline!“ Er lachte seltsam. Seine Eltern waren geschieden. Sein Alter trank, hatte ihn und seine Mutter geschlagen. Immer waren es Kleinigkeiten gewesen, die seinen Alten zum Ausflippen brachten. Später brauchte es gar keinen Anlaß mehr.
„Mensch“, sagte Steiffi, „mir kannste nix erzählen.“
„Nein“, sagte Paul, „meine Alten sind anders. Ich red mit dem Alten.“
„Bringt ja vielleicht was“, sagte Steiffi und hob die Schultern.
Sie hörten Janis Joplin:
Freedom is just another word for nothing left to lose. *
Das ist es, dachte Paul und schob sein Bierglas auf die Kippe an die Tischkante. Er stippte das Glas an. Es kippte, fiel, und zersprang auf dem Fußboden.
„Spinnst du!?“ sagte Steiffi.
Paul grinste.
Steiffi schüttelte den Kopf und tippte sich an die Stirn.
„Total ausgeflippt oder wie oder was?“
„Hab dich nicht so“, sagte Paul, stand auf und fegte die Scherben zusammen.
Dann ging er nach Hause. Er nahm sich vor, noch heute

*Freiheit ist nur ein anderes Wort für: Du kannst nichts mehr verlieren. *(aus: Me and Bobby McGee. Song von Janis Joplin.)*

abend mit dem Alten zu reden. Er dachte an Paula. Das durfte nie so werden zwischen ihnen.
Seine Mutter hatte immer noch rote Augen vom Heulen.

Abgeschifft. Total abgeschifft, dachte Paul. Er lag im Bett und drehte Knöpfe vom Bettbezug.
Ich geh rüber, reiß ihm die Zeitung vom Gesicht, knüll sie langsam zusammen, schau ihm dabei in die Augen und sag ganz ruhig:
„So nicht, Alter. Das machst du nicht mit mir."
Aber er blieb liegen. Stellte sich vor, wie sein Vater wütend aufspringen wollte, wie er – Paul – ihn an den Schultern in den Sessel zurückdrückte und zum Reden zwang.

Er war nach dem Abendessen zu seinem Vater ins Zimmer gegangen. Seine Mutter und Barbara waren noch in der Küche beim Spülen. Sein Vater saß in seinem Sessel und hatte, wie jeden Abend, die Zeitung vorm Gesicht. Paul hatte sich in den Sessel gegenüber gesetzt. Hatte nicht gewußt, wie er anfangen sollte. Hatte plötzlich feuchte Hände, Angst, keine Stimme zu haben. Er hatte sich ein paar Sätze ausgedacht, wie er anfangen wollte. Die Sätze waren weg. Scheiße, dachte er, morgen ist auch noch ein Tag. Es muß ja nicht heute sein. Freundlichere Zeiten abzuwarten, schien ihm plötzlich nicht schlecht. Zum Glück war sein Vater immer noch hinter der Zeitung. Paul las die Kopfleiste: *Süddeutsche Zeitung. Münchner neueste Nachrichten aus Politik, Kultur, Wirtschaft und Sport.*
Der muß doch merken, daß was im Busch ist.
Beim Abendessen war wie so oft kein Wort über den Streit am Morgen gefallen. Der läßt dich zappeln, Paul. Was ist schon reden? Ist doch nichts dabei. Also fang schon an.
„Du, Vater." Paul merkte, daß ihm die Stimme wegrutschen wollte. Er richtete sich im Sessel auf.

Sein Vater senkte die Zeitung etwas und sah Paul fragend an.
„Hör mal", sagte Paul, „ich muß mit dir reden. Weil, ich meine, das törnt doch unheimlich ab, oder?"
„Was?" fragte der Alte.
„Na, das mit Mutter und dir." Paul hielt den Atem an. Merkte, daß er rot wurde.
Der Alte hob die Zeitung wieder vors Gesicht und sagte: „Junge, das ist eine Angelegenheit zwischen Mutter und mir. Die geht dich nichts an."
Das klang endgültig. Und danach kam nichts mehr.
Paul wartete. Das darf doch nicht wahr sein?!
Der Alte blieb hinter der Zeitung verschwunden.
„Wenn du meinst!?" Paul stand auf, hoffte der Alte würde noch was sagen, die Zeitung wenigstens weglegen. Nichts.

Paul ging in sein Zimmer und legte sich aufs Bett. Er hatte das Gefühl einer totalen Niederlage. Er haßte den Alten in diesem Moment.

Seine Mutter sagte am nächsten Tag: „Man kann mit ihm darüber nicht reden. Er läßt sich darauf nicht ein. Es ist zwecklos."
Paul glaubte seiner Mutter nicht. Er hatte sich vom Alten in die Flucht schlagen lassen, hatte nach dem ersten Brummen den Schwanz eingezogen.
Er nahm sich vor, nie die Tränen seiner Mutter zu heulen.

Steiffi sagte: „Vergiß es!"
Paul wußte, daß er das nicht konnte. Der Alte hatte ihn verletzt.

Nie so eine Ehe führen, schwor sich Paul. Weshalb mußte die Mutter immer so sticheln? Sie wußte doch, daß sie am Ende heulen würde. Weshalb ging der Alte nicht mehr auf sie ein, oder gab nach? Er wußte doch auch, daß nach den Streits stundenlang dicke Luft in der Wohnung war. Fühlte er sich wohl dabei? Wie oft ging er dann mit Leberschmerzen früh ins Bett. Oder ging am Abend noch mal weg.

Weshalb machte er diese „Weibergeschichten“?

Kein Streit wurde richtig zu Ende gebracht. Seine Mutter sagte immer wieder: „Ich red nicht mehr darüber!“ und beim nächsten Streit redete sie genau wieder darüber.

Dabei gab es doch die Abende, an denen sich jeder wohl fühlte in der Familie, und Paul seine Eltern ansah und dachte: Klasse-Eltern. Und wie oft hatten seine Freunde gesagt: Solche Eltern möchte ich auch haben. Auch Paula neulich.

Ja, das stimmte ja. Das dachte er ja selbst oft. Aber wenn dieser verflixte Kleinkrieg ausbrach, dann wünschte er sich, daß sie getrennt lebten und nur dann zusammen kamen, wenn sie wollten.

Paul wünschte sich eine Ehe ohne Streit. Paul dachte an Paula. Ich liebe sie. Wir werden uns nie so streiten.

Paul hatte Angst vor Streit. Paul wußte, daß sich seine Eltern geliebt hatten, „damals“ wie seine Mutter sagte, wenn sie sich bei ihm nach einem Streit mit dem Alten ausheulte. Aber je häufiger Paul die täglichen Kleinkriege zwischen seinen Eltern erlebte, umso mehr zweifelte er daran.

Zwei Tage später saßen Paul, seine Schwester und seine Mutter abends vor dem Fernseher. Der Alte war wieder mal nicht pünktlich. Sie hatten beschlossen, mit dem Essen zu warten, und sich *Kojak* anzusehen. Zwanzig Minuten bevor der Krimi zu Ende war, kam der Alte.

„Habt ihr schon gegessen?“

„Nein, wir haben auf dich gewartet“, sagte die Mutter. „Der Krimi dauert noch eine Viertelstunde.“

„Mann, hab ich Hunger!“

„Gott, wir haben jetzt eine Stunde auf dich gewartet. Setz

dich doch rüber und lies noch so lange Zeitung."
Paul und seine Schwester zischten. Der Krimi war an der spannendsten Stelle.
Der Alte ging raus. Kurz darauf rief er aus dem Nebenzimmer.
„Wo ist denn die Zeitung?"
„Kinder", fragte die Mutter, „wißt ihr wo die Zeitung ist?"
„Nee! Wahrscheinlich in der Küche. Da ist sie doch immer. Verdammt, kann man denn hier nicht ein Mal ruhig einen Film zu Ende sehen!" Barbara war sauer.
„Guck doch mal in die Küche!" rief die Mutter nach draußen.
Der Alte ging geräuschvoll in die Küche. Er fand dort offenbar die Zeitung. Er kam wieder durch den Gang zurück. Machte die Tür auf, ging auf den Fernseher zu und stellte den Ton leiser.
„Warum denn?" maulte Barbara.
„Ich hör drüben jedes Wort."
Als der Alte aus dem Zimmer war, fing die Verfolgungsjagd an. Kojak war dem Dealer knapp auf den Fersen. Der war gerade in einem Lagerschuppen im Hafen verschwunden. Kojak zog seinen schweren Revolver und riß die Tür auf.
Im gleichen Moment ging die Zimmertür wieder auf und der Alte stand da und verkündete, daß er jetzt doch essen wolle, er hätte solchen Hunger. Er würde sich das Essen aus dem Topf holen. Die Mutter atmete einmal tief durch, schüttelte den Kopf und erhob sich.
„Ich komm ja schon." Sie zog resigniert die Schultern nach oben.
„Nein", sagte der Vater, „bleib nur sitzen. Ich mach das schon alleine."
„Verfluchte Scheiße! Dann mach doch deinen Dreck alleine!" brüllte Paul. „Und laß uns hier fernsehen!"
„Junge, nicht in diesem Ton, ja!" Der Vater drohte mit dem Finger.

Niemand hatte den Schluß des Films gesehen. Gerade lief der Abspann über die Scheibe. Paul sprang auf, machte den Fernseher aus und drehte sich zu seinem Vater um.
„Nicht in diesem Ton!" äffte er seinen Vater nach. „Du spinnst doch total, du autoritärer Scheißer, du!"
„Halt den Mund!" fuhr ihn sein Alter an, rot im Gesicht. Aber Paul war in Fahrt, konnte seine Wut nicht mehr bremsen.
„Gar nicht halt ich den Mund!" Seine Stimme überschlug sich. „Weil ich keine Lust mehr hab, mich von dir tyrannisieren zu lassen. Wir warten fast jeden Tag auf dich mit dem Essen, aber der Herr kann nicht mal fünf Minuten auf uns warten. Du gehst mir unheimlich auf die Eier, das kann ich dir sagen. Mir stinkt das hier!"
Die Familie stand einen Augenblick sprachlos im Raum. Paul ging an die Garderobe und nahm seine Jacke vom Haken.
„Du bleibst hier!" brüllte sein Vater.
Paul drehte sich ruhig um, zog seine Jacke an und sagte: „Nein!"
Er schlug die Tür zu und verließ die Wohnung. Er stürzte die Treppen runter, stand auf der Straße und holte tief Luft.
Bloß weg hier, dachte er. Er nahm die Richtung zu Steiffi.
Der Wind trieb eine leere Cola-Büchse vor ihm über den Bürgersteig. Es war dunkel geworden. Die Bäume in der Straße rauschten. Die Straßenlaternen schwangen hin und her, Lichtschatten huschten über den Bürgersteig. Paul drehte sich um und ließ sich den Wind ins Gesicht wehen. Er grinste. Das war fällig, dachte er. Gleichzeitig wurde ihm mulmig. Vor morgen wollte er nicht zurück.
Er rief von einer Telefonzelle zu Hause an. Seine Schwester war dran. Er sagte, daß er bei Steiffi schlafen wird.
„Puuh!" sagte seine Schwester und hängte ein.

Acht Tage sprachen Paul und sein Vater kein Wort miteinander, dann drängte die Mutter Paul, den Anfang zu machen. Die Großmutter und noch ein Onkel und eine Tante wollten auf Besuch kommen. Die Sache müßte vorher bereinigt sein.
Paul sagte: „Mir doch egal, er kann ja auch kommen, oder?"
Bis seine Mutter wieder heulte.
„Okay!" sagte Paul. „Ich machs heute abend." Dann fiel ihm etwas ein, was er selbst nicht recht verstand. Es fiel ihm ohne Überlegung aus dem Mund. Er sagte zu seiner Mutter: „Bleib doch wegen der Kinder, aber nicht wegen mir."

Das Gespräch mit seinem Vater dauerte den ganzen Abend. Der Alte wollte, daß Paul einsieht.
Der Alte sagte: „Du bist abgehauen. Du hast nichts mehr gesagt, bist nur weggelaufen."
„Nein", sagte Paul und schüttelte den Kopf. „Ich bin nicht abgehauen. Ich bin gegangen."
„Das ist Jacke wie Hose", sagte der Alte.
„Nein", sagte Paul. „Abhauen ist mit Angst."
Der Alte sah ihn lange an. Dann nickte er, stand auf und gab Paul die Hand.
„Gut, Junge", sagte er, „das versteh ich."

Für Nole von Fritz 8.77

Unter der Brücke·

Unter der
Brücke saß
mein Vater.

Ende September

Die Ampel stand auf Rot. Paul bremste. Paula wurde gegen Pauls Rücken gedrückt. Sie kuschelte sich an.

Bremsen, dachte Paul, bremsen ist schön.

„Hast du kalte Hände?“ fragte er Paula.

„Nö, sind ganz warm.“

Sie legte ihre Hände an seinen Bauch.

„Ich müßte zuhause Bescheid sagen“, sagte sie.

„Dann ruf halt an!“

„Sagst du so einfach“, sagte Paula, „die will dann wissen warum, mit wem, wohin, weshalb, wie lang und was weiß ich.“

„Dann ruf halt nicht an.“

Die Ampel schaltete von Rot auf Grün.

„Soll sie sich Sorgen machen!“ Paula kuschelte sich wieder an Pauls Rücken. „Irgendwas fällt mir schon ein.“

Paul fuhr an. Er drehte auf. 35 Stundenkilometer. Vorne die Straße, der Wind. Und Paula hinter ihm.

So schnurrten sie bis zum Stadtrand. Die Häuser wurden kleiner, die Vorgärten größer.

Paula rückte enger an Paul. Sie wollte nicht mehr an ihre Mutter denken. Mit Paul heute, das würde die nie erlauben, nie verstehen. Würde immer sagen: „Komm erst mal nach Hause!“ oder: „Du machst erst die Schulaufgaben!“ Oder, oder, oder!

Sie bogen in die Schrebergartensiedlung ein. Die kleinen Gärten lagen verlassen da. Ein alter Mann harkte Unkraut, sah kaum auf, als sie vorbeifuhren.

Es roch nach Herbst. Weiße und rote Geranien hingen vor den Fenstern der Holzhäuschen.

Paul bremste und schaltete den Motor ab.
Er drückte das Gartentor auf. Auf dem weißen Emailleschild stand 17/B.
„Gehört euch das?" fragte Paula.
„Nö", sagte Paul, „den Eltern von einem Freund."
„Und du darfst da rein?"
„Klar, ist doch'n Freund von mir!"
Am Dachfirst hing eine Konservenbüchse. Paul sprang hoch und gab der Büchse einen Stoß. Sie kippte, und ein Schlüssel fiel auf den Boden.
Ein Eimer mit einem Scheuerlappen stand neben der Tür. Es roch nach Kompost und Erde.
Paul sperrte auf.
„Augenblick", sagte er und verschwand im Dunkel.
Das Licht ging an. Da stand eine Eckbank mit einem Tisch davor, ein altes Sofa, ein Küchenschrank, ein Herd. Rot-weiß-karierte Vorhänge hingen vor den beiden Fenstern. Paul öffnete sie und stieß die Läden auf. Sonne fiel in den Raum. In den Strahlen tanzte Staub.
„Gefällts dir?" fragte Paul.
Paula ließ sich aufs Sofa plumpsen und zog Paul mit. Staub wirbelte auf.
„Der Diwan fliegt, Scheherezade!"
„Was ist eine Scherezade?"
„Das ist die Märchenerzählerin aus 1001 Nacht", sagte Paul. Das war gut. Er war zufrieden mit sich. Aber jetzt wußte er nicht weiter. Er sah Paula an. Hätte sie gern angefaßt. Konnte nichts sagen. Ohne Worte anfassen ging nicht.
Er sprang auf.
„Mal sehen, was die Küche zu bieten hat."
Im Küchenschrank fand er eine Flasche Rotwein, Marmeladen und Fleischkonserven. Im Brotkasten lag ein Brot. Alles ersetzbar, dachte er.
„Hast du Hunger?"

„Und wie!“ sagte Paula.

Paul packte alles auf den Tisch, legte Messer dazu und holte Gläser.

„'ne Spinne!“ Paula kreischte und sprang vom Sofa.

„Wo?“ schrie Paul.

„Da an der Wand!“

Paul nahm das Brotmesser, zielte und warf es an die Wand. Die Spitze des Messers steckte im Holz. Zufall. Der Griff zitterte.

„Tja!“ sagte er und zog das Messer aus der Wand.

– Nimm sie jetzt in den Arm, Paul.

– Aber wenn sie nicht will?

– Du hast Schiß.

– Aber vielleicht will sie ohne Küssen?

– Ja, wenn du meinst?!

– Aber ich will doch küssen.

– Dann tus doch.

„Komm, wir fressen“, sagte er.

Paul schenkte die Gläser voll und schmierte zwei Brote. Paula legte die Beine auf den Tisch, in der einen Hand das Brot, in der anderen den Wein.

„Gut hier. Besser als zuhause.“

„Es gefällt dir, Scheherezade?“

„Du bist'n Spinner mit deiner Scherzerade.“

„Was bin ich?“

„Ein Spinner!“

„Sag das noch mal und ich küß dich!“

„Traust dich ja nicht!“ Paula lachte.

Paul küßte sie auf den Mund. Paula lachte weiter. Sie hielt ihm den Mund zu.

„Du hast ja Patschehände“, sagte er.

Paula zog sie weg.

„Na und! Brauchen dir ja nicht zu gefallen."
„Gefallen mir aber!"
„Zeig mal deine." Paula legte ihre Hand auf seine.
„Deine ist dünner und länger," sagte sie.
„Ich hab auch dünne Beine", sagte Paul. „Storchenbeine sozusagen!"
„Zeig mal!"
„Trau mich nicht!"
„Warum nicht?"
„Darum nicht!"
„Patschehand und Storchenbein!" Paula kicherte.
„Gingen in die Laube rein!" sagte Paul.
„Spinner!"

Er sieht ihr in die Augen. Sieht sie, was er denkt?
Er sieht auf ihren Mund. Spürt ihren Atem. Sie legt den Arm um ihn. Sie kippen um und liegen nebeneinander auf dem Sofa.
Er macht die Augen zu, spürt ihren Mund auf seinem. Teeny-Küsserei, würde Steiffi dazu sagen. So was Blödes.
Er macht die Augen auf. Paula hat sie zu. Ihre Zungen berühren sich. Paula bewegt sich nicht.
Sein Arm schläft ein, auf dem sie liegt. Bloß jetzt nicht bewegen. Er sieht ihr roten Haare, die Leberflecken am Hals, den kleinen silbernen Ring am Ohr.
Ihr T-Shirt ist am Rücken hochgerutscht. Er fühlt ihre Haut. Sie ist weich und feucht. Er streichelt sie. Sein Herz klopft. Er kommt sich ungeschickt vor. Er hat Angst, daß sie ihn wegstößt. Wenn die nein sagen, meinen sie ja, sagte Steiffi. So was Blödes.
Er muß den eingeschlafenen Arm bewegen. Die Hand kribbelt schon. Er zieht Paula an sich und schiebt die Hand weiter unter ihr T-Shirt. Er vergißt das Küssen. Sie kuschelt ihre Backe an seine Schulter. Mit den Fingerspitzen streichelt er

Sie nennen es KÜSSEN.
Findest du es toll?
Ja

ihre Brustwarze. Er hält die Luft an.
Paul hebt seinen Kopf und sieht Paula an. Wartet Paula darauf, daß er sie auszieht und mit ihr schläft?
Paula macht langsam die Augen auf. Einen Moment sehen sie sich an. Paula zieht ihre Arme weg und dreht sich um.
Paul erschrickt.
„Ey, Paula, was ist denn?"
„Weiß nicht", nuschelt sie. Sie sagt: „Ach, es ist nix. Es ist nur, ich muß nach Hause. Aber ich will hier bleiben."
Paul legt seinen Arm um sie.
„Ich bring dich heim", sagt er leise.
Paula nickt.

Paul räumte die Sachen weg. Paula zog die Decke über dem Sofa gerade.
Sie gingen nach draußen. Paul sperrte ab und warf den Schlüssel in die Büchse.
„Na, ihr beiden Hübschen!"
O Scheiße, dachte Paul. Am Zaun lehnte der Nachbar. „Wo ist denn Klette?" fragte er.
„Der hatte heute keine Zeit. Wiedersehn, Herr Scherzer", sagte Paul schnell.
Er zog Paula zum Gartentor.

„Von Klettes Eltern ist die Laube!?" sagte Paula. „Warum sagst'n das nicht gleich?"
Paul druckste.
„Weiß Klette, daß wir hier waren?" fragte sie.
„Der braucht ja nicht alles zu wissen."
„Stimmt!" sagte Paula. Sie setzte sich auf das Mofa.
Paul stand neben ihr.
„Willst du fahren?" fragte er.
„Seid ihr öfters mit Mädchen hier?" Paula zog die Handbremse am Mofa und schaute geradeaus.

„Wieso?“ sagte Paul.
Paula schaute immer noch geradeaus.
„Hast du schon mal . . . mit einem Mädchen was gehabt? . . . Ich meine geschlafen, oder so?“
„Nee“, sagte Paul. „Und du?“
„Nee“, sagte Paula.

Am Abend

Mit diesem Empfang hatte sie gerechnet.
Ihr Vater stand im Flur und klopfte mit seinem Zeigefinger auf die Armbanduhr.
„Ich weiß", sagte sie nachgiebig. „Ich habe total die Zeit vergessen." Sie hängte ihre Jacke an die Garderobe.
„Die Zeit vergessen?! Hast du eine Erklärung dafür?"
Der Vater wartete auf die Antwort. Sie blieb im Halbdunkel der Garderobe, dachte an ihr aufgerubbeltes Kinn, fummelte an ihrer Jackentasche. Dachte: Nur nicht ans Licht gehen. Murmelte was von neuem Antrag für die Schülermonatskarte, und unterschreiben.
„Und Telefon ist ein Fremdwort für dich, wie?"
Der Vater schaute sie an.
„Ich konnte nicht telefonieren."
„Und warum nicht, wenn ich fragen darf?"
„Weil da kein Telefon ist."
„Wo ist denn das, wo kein Telefon ist?"
„Wir waren in der Laube von Klettes Eltern."
„Und wer ist wir?"
„Welche aus meiner Klasse."
„Und wer ist welche?"
„Kiki, Baumi, Olaf, der Voss, Paul, Anni, Marlene, die ging aber bald. Und Klette."
„Geht Paul neuerdings in deine Klasse?"
„Nö, aber der ist mit Klette befreundet."
„Mit Klette?", sagte der Vater und nach einer Pause: „Aha!"
„Ich bin auch mit ihm befreundet", sagte Paula.

Mach dir nichts draus:
Ich habe früher auch oft auf den Kopf bekommen
Sei doch wieder froh!
Kopf hoch, Mädel!

Am nächsten Abend wurde sie von ihrem Vater ins Wohnzimmer gerufen.
„Du hast mich angelogen!“ sagte ihr Vater. „Meine Geduld ist zu Ende. Du hast überhaupt kein Gefühl mehr für das, was sich gehört. Du vernachlässigst alles. Deine Kleidung, deine Familie und die Schule. Und jetzt lügst du auch noch.“
Der Vater machte eine Pause und sah Paula an, dann fuhr er fort.
„Wir haben Vertrauen zu dir gehabt. Wir haben lange Zeit deine Freundschaft mit Paul toleriert. Trotz unserer Bedenken. Leider haben sich unsere Bedenken nicht nur bestätigt, sondern verstärkt. Du hast dich zu deinem Nachteil verändert. Wir können das nur auf den Einfluß dieses Jungen zurückführen. So geht es nicht weiter. Bitte sei vernünftig und zwing uns nicht, dir den Umgang mit ihm verbieten zu müssen.“
Paula sagte nichts.
Sie starrte auf die Wand und dachte: Die Freundschaft zu Paul gebe ich nicht auf.
Der Satz breitete sich in ihr aus und machte sie sicher.
Sie sagte: „Ihr könnt mit mir machen, was ihr wollt. Die Freundschaft zu Paul gebe ich nicht auf!“

Der Satz brachte den Vater aus der Fassung. Er brüllte: „Dir werde ich zeigen, wer hier am längeren Hebel sitzt. Ich verbiete dir den Umgang mit Paul. Ein für alle Mal. Und wenn du dich darüber hinwegsetzen solltest: Es gibt auch Internate! Du kannst jetzt auf dein Zimmer gehen und dir alles in Ruhe überlegen.“
Paula ging in ihr Zimmer.
Den Paul laß ich mir nicht verbieten.

Am Abend hörte sie ihre Mutter in der Küche sagen:
„Warum regst du dich auf? Du vergißt, daß sie erst fünfzehn

ist. Das sind doch Schwärmereien. Sowas geht vorüber. Mir ist lieber, wir haben das unter Kontrolle, als wenn wir das verbieten. Du kennst doch den Dickkopf deiner Tochter."
Ist ja interessant! dachte Paula.

„Der ist eifersüchtig!" sagte Paul, als Paula ihm die Geschichte erzählte.
„Ist ja interessant", sagte Paula.

Willste Schluß machen?

Am liebsten würde sie Kiki gleich alles erzählen.
Paula steht vor dem Spiegel und betrachtet sich: Paul und ich im Auto. Sieht man mir gar nicht an. Nur den Knutschfleck, den sieht man.
Paula zieht die Ponyfransen bis zur Nase, guckt sich an und muß lachen.
Und wie wir uns geküßt haben. Und dann. Ach nee. So erzähl ich es nicht. Dann ist es schnell vorbei und Kiki würde denken, es ist gar nicht viel passiert.
Paula guckt in ihre Augen. Schöne Augen, hat Paul gesagt. Paula fährt sich mit dem Zeigefinger über den Mund.
Angefangen hat es auf der Fete. Dieses irre verliebte Gefühl für Paul. Verliebt war sie von Anfang an in ihn. Aber so noch nicht. Paul und sie hatten keine Lust zu tanzen. Sie lagen fast die ganze Zeit auf einer Couch und erzählten sich Blödsinn, lachten und küßten sich. Irgendeiner machte das Licht aus. Im Dunkeln kreischten welche und rannten hin und her. Das Licht ging wieder an. Und wieder aus. Paula fiel die Uhrzeit ein.
„Wie spät?", fragte sie erschrocken.
„Keine Ahnung", sagte Paul, „hast aber bestimmt noch Zeit."
Sie sprang auf. „Wenn meine Eltern erfahren, daß ich mit dir hier bin, ist alles aus."
Zwanzig vor Zwölf! Wenn einer sie mit dem Auto bringen würde, könnte sie pünktlich sein. Martin war die Rettung. Martin hatte das Auto von seinem Vater.
Paul zog sie zu sich auf die Couch als sie zurückkam. „Noch

fünf Minuten“, murmelte er und streichelte ihren Rücken unter dem T-Shirt.

Sie blieb liegen und dachte: Ein Scheißabschiednehmen ist das jedesmal. Am liebsten würde ich die ganze Nacht hierbleiben.

Paul streichelte ihren Busen. Paula legte ihre Hand auf seinen Bauch.

„Immer wenns am Schönsten wird, muß ich gehen.“

Sie suchten Martin und gingen mit ihm zum Auto. Sie wollten nicht voneinander los, schoben die Trennung vor sich her, hielten sich im Arm und stiegen ins Auto. Sie stolperten, lachten und fielen zusammen auf den Rücksitz.

Paul murmelte beim Küssen: „Irgendwann halt ich dich fest und dann können mich deine Eltern mal.“

Paula nickte, wollte nicht mehr ans Nach-Hause-Müssen denken. Lieber an Paul und daß sie noch eine Viertelstunde Zeit hatten. Sie flüsterte: „Sei still. Ist schon Scheiße genug.“

„Bowie“, rief sie nach vorn zu Martin, der wissen wollte, in welcher Musikstimmung sie sind. Und dann kam das mit der Kurve, wo Paul und Paula umkippten und liegenblieben.

Und dann? würde Kiki fragen.

Und dann? fragt Paula sich im Spiegel.

Dann war seine Hand an ihrer Musch.

Als er angefangen hatte, beim Küssen ihre Beine zu streicheln, konnte sie noch so tun, als ob nichts dabei wäre. Als ob sie nichts merkt, nur küßt.

Seine Hand blieb aber an ihrer Musch. Das war ein wahnsinniges Gefühl.

Am liebsten hätte sie sich bewegt, hätte ihm gerne gezeigt, daß es ihr gefiel. Aber sie hatte gewartet, was er machen würde.

Er machte nichts. Bewegte die Hand nicht. Sagte nichts. Bewegte sich erst in der nächsten Kurve.

Die Kurve hatte es getan.

Und dann?
Einmal hat sie an Martin gedacht und gehofft, daß er nichts merkt. Sie waren an einem Bus vorbeigefahren. Sie sah die Leute drin sitzen. Wenn die wüßten! Sie mußte lachen. Paul fragte: „Lachst du mich aus?“ Quatsch, hatte sie gesagt.
Kiki würde lachen, wenn sie ihr das Durcheinander von Gefühlen und Gedanken beschreiben würde.
Paula steht vor dem Spiegel.
Sie war leise ins Zimmer geschlichen, damit ihre Eltern nichts hörten.
Immer muß ich aufpassen, daß keiner was sieht und was merkt und was hört.
So wars ihr im Auto auch gegangen. Plötzlich war das schöne Gefühl weg gewesen. Plötzlich hatte sie seine Hand weggeschoben und: „Hoffentlich komm ich nicht zu spät!“ gemurmelt. Kam sich blöd dabei vor und hatte sich am Knie gekratzt und den Rock wieder runtergeschoben. „Gottseidank bringt uns Martin mit dem Auto“, hatte er gesagt.
Dann war Funkstille. Unangenehme Funkstille.
„Mensch bin ich müde“, log sie und lehnte sich an seine Schulter. Sie hätte gern gefragt: Was denkst du jetzt? Sie hatte sich geschämt.
Das schöne Gefühl war klein geworden.
Paula sieht in den Spiegel. Sie denkt an Paul. Ob der jetzt schlecht von mir denkt? Bestimmt hat er gemerkt, daß sie die Beine auseinandergemacht hat, weil sie wollte, daß er weitermacht. Wie denkt'n der darüber? Sie hätte die Hand gleich wegschieben sollen.
Paul hat doch gemerkt, daß ihre Musch ganz naß war. Und das riecht doch auch. Wenn Paul das riecht und sich ekelt. Und wenn Paul das Martin erzählt . . .
Zu weit gegangen, fährt ihr durch den Kopf. Das wars, weshalb sie jetzt dieses komische Gefühl hat, sich schämt.

Am nächsten Morgen gibt Paula Paul vor der Schule einen Brief

Paul saß auf seinem Platz, holte das Kuvert aus dem Jackett, riß es auf und las.

Lieber Paul, wir sind gestern zu weit gegangen. Es ist besser, wir sehen uns eine Weile nicht. Ich muß auch viel für die Schule machen. Deine Paula.

Aus! dachte er. Aus. Er fühlte, wie ihm der Hals eng wurde. Er las den Brief noch einmal.

Deine Paula, stand drunter.

Langsam knüllte er den Brief zusammen und schob ihn in die Hosentasche. Er legte die Arme auf den Tisch und den Kopf drauf. Ihm war alles egal. Ein Dylan-Song summte in seinem Kopf.

When your rooster crows at the break of dawn
look out your window and I'll be gone
you're the reason I'm trav'lin' on
don't think twice, it's alright. *

„Hey, spinnst du?" Rudi schob ihm den Ellbogen in die Rippen. „Paß auf!"

Zu spät. Knechtling stand neben Paul.

„Na, woran haben wir denn gedacht, Krombacher?"

„Don't think twice, it's alright!" sagte Paul ernst.

Rudi kicherte. Paul sah ihn böse an. Die Klasse drehte sich um.

* Wenn dein Hahn im Morgengrauen kräht/schau aus deinem Fenster, ich bin gegangen./Du bist der Grund, warum ich abgehauen bin/aber mach dir nichts draus, ist schon okay!

„Wie bitte?" fragte Knechtling. „Ich habe wohl nicht richtig verstanden. Sag das noch mal auf Deutsch."
„Das heißt soviel", sagte Paul wieder ganz ernst, „wie: Mach dir nichts draus, ist schon recht!"
Die Klasse prustete los. Paul sah verwirrt um sich. Er hatte das nicht so gemeint.
Knechtling brüllte: „Ruhe!" Die Klasse duckte.
„Krombacher, diese Unverschämtheit kostet dich einen Eintrag. Ist das klar!?"
Rudi flüsterte zu Paul: „Don't think twice, it's alright."
Paul verstand gar nichts. Ihm war auch alles egal. In der großen Pause mußte er mit Paula reden.

„Willste Schluß machen?" fragte er sie in der Pause.
Sie schüttelte den Kopf.
„Ich hab gesponnen", sagte sie.
„Mensch, ich dachte schon." Er nahm sie in den Arm.
„Wann treffen wir uns wieder?" fragte er.
„Nach der Schule", sagte sie und grinste.

Der Plattenspieler summte. Paula machte die Augen auf und sah das grüne Lämpchen neben Pauls Kopf.
„Willst du die Platte umdrehen?" fragte sie.
Pauls Gesicht lag an ihrem Hals.
„Nein", sagte er. Und als sie aufstehen wollte: „Bleib so liegen." Seine Hand lag auf ihrem Bauch, ein Bein angewinkelt auf ihrem.
Sie redeten über Verreisen, dahin, wo es warm ist. Wo es immer warm ist, wo man leben kann mit wenig Geld.
Vielleicht, überlegten sie, kann man hier arbeiten und Geld sparen und dann dort leben, solange das Geld reicht.
„Magst du Italien?" fragte Paula. Er antwortete nicht. Seine Hand wanderte zu ihrem Busen. Sie hielt die Luft an und vergaß ihre Frage. Sie klemmte seine Hand mit ihrem Arm ein und kicherte. „Das kitzelt." Sie ließ die Hand wieder frei.
Er streichelte ihren Busen. „Schon wieder." Paula lachte.
„Hör auf zu lachen", sagte er.
Er legte sich auf sie. Sie stemmte ihre Hände gegen seine Schultern. „Mann, bist du schwer."
Er blieb liegen und küßte sie. „Du bist gefangen. Ergib dich!"
Sie griff unter seinen Pullover und kniff ihn. Er sollte brüllen. Aua schreien, um Gnade bitten.
Er nahm ihre Hand und zog sie an seinen Bauch. Sie fühlte das Weiche, die Härchen, den Bauchnabel, den Gürtel. Ihre Hand rührte sich nicht. Wollte ausreißen, zurück auf den Rücken. Er drückte seinen Bauch gegen ihre Hand, hielt sie fest.

Seine Lippen waren an ihrem Ohr: „Ich will mit dir schlafen", flüsterte Paul.
Sie erschrak. Wie früher, als sie Fahrradfahren lernte und ihr Vater sie das erste Mal losließ und rief: „Du fährst ja alleine! Du kannst es!" Da war sie umgekippt und hatte geheult.
„Ich will mit dir schlafen." Der Satz nahm ihr die Unbefangenheit, schob sich zwischen sie und Paul. Machte aus ihrem Spiel ernst. Jetzt hatte, was sie machten, einen Namen, ein Ziel. Sie hätte lieber wortlos weitergemacht, vielleicht so weit, wie er jetzt sagte. Das wußte sie nicht. Wollte sie nicht wissen. Jedenfalls nicht vorher. Hinterher hätte sie sagen können: Wir haben zusammen geschlafen. Es wäre einfach passiert.
So passiert wie in dem Film, wo der Mann die Frau auf den Nacken küßte. Die Frau hatte ein seidenes Unterkleid an. Sie hatten sich umarmt und waren sanft aufs Bett gefallen. Alles sah lautlos aus. Lautlos schön.
Die Decke kratzte sie am Rücken. Der Schweiß auf ihrer Haut wurde kalt. Sie zitterte.
Plötzlich sah sie sich selber zu, wie sie mit Paul auf der Matratze lag, Paul auf ihr liegend, ihre Beine ineinander verschlungen, ihr T-Shirt bis zum Hals hochgeschoben, der Reißverschluß ihrer Jeans offen. Ihre Hand auf seinem Bauch.
Sie hörte Schritte. „Da kommt jemand!"
„Du hörst Gespenster", flüsterte er, „meine Mutter kommt erst am Abend."
Er stand auf. „Ich schließ ab."
Sie sah ihn zurückkommen und dachte: Ich mag dich. Sie wollte es ihm sagen. Er hatte es vorhin gesagt. Er hat nicht soviel Angst, sowas zu sagen, dachte sie. Ist sowieso viel freier.
Sie sagte es nicht.
Er zog die Schnürsenkel von ihren Turnschuhen auf und fragte: „Willst du?"
Sie nickte und sagte: „Laß, das mach ich selber", und zog den

anderen Schnürsenkel auf. Sie dachte: Ich zieh mich nicht aus, weil ich müde bin. Ich zieh mich aus, um mit Paul zu schlafen.
Die Turnschuhe plumpsten auf den Fußboden. Sie dachte an die Frau im seidenen Unterkleid und fühlte sich nicht so schön. Sie hatte Angst vor dem Ausziehen und dem Nacktsein. Sie wollte schnell unter die Decke.
Paul umarmte sie.
„Hast du Angst?"
Ja, dachte sie. Nein, dachte sie.
„Nö", sagte sie.
„Du?" fragte sie.
„Nö", sagte er.
Sie legte sich wieder auf den Rücken. Er legte sein Gesicht wieder an ihren Hals, ein Bein auf ihrem, die Hand auf ihrem Bauch. Die Decke kratzte wieder.
„Die Decke kratzt", sagte sie.
„Komm runter! Hier ist es weicher." Er streckte die Beine unter die Decke.
„Hier ist es schön warm", sagte sie in sein Hemd. Seine Hand lag auf ihrem Bauch. Sie streichelte ihren Busen, wieder den Bauch. Sie spürte, wie die Hand zögerte, weiter nach unten wanderte, bei den offenen Jeans ankam. Ihr wurde heiß.
„Mir ist heiß!" sagte sie.
„Luft!" japste sie und wedelte die Decke hin und her. „Ich ersticke!"
Er küßte ihr den Mund zu.
Ihre Hand lag auf seiner Hüfte. Sie spürte seine Haut zwischen Gürtel und dem rausgerutschtem Hemd. Sie schob das Hemd höher, wollte ihn ausziehen.
„Ich trau mich gar nix", flüsterte sie.
„Zieh die Jeans aus", flüsterte er zurück.
Sie schüttelte den Kopf.
„Hast du Angst?" fragte er.

Sie nickte. „Ein bißchen. Jedenfalls vor dem Ausziehen."
Er zog an ihren Jeans. „Ich zieh die aus."
„Nein", sagte sie. „Doch", sagte sie.
Gesicht an Gesicht, Nase an Nase, Mund an Mund schoben und zogen sie die Jeans runter. Bis zum Knie. Da blieb sie hängen.
„Die ist so eng". Paula versuchte, die Jeans mit ihren Beinen weiter runter zu kriegen.
Paul streichelte ihren Bauch und schob eine Hand in ihre Unterhose.
„Die blöden Jeans stören mich!" Sie warf die Jeans aus dem Bett, dann die Unterhose, das T-Shirt.
Sie legte sich schnell neben ihn, zog die Decke hoch, legte die Hände auf ihren Bauch und sagte: „Ich bin jetzt ausgezogen."
Sie machte die Augen zu und hörte wie er „Scheißknöpfe" sagte und wie seine Jeans auf die Erde fielen.
Er zog die Decke über ihre Köpfe.
Sie fühlte mit ihrer Zungenspitze seine Lippen und er murmelte: „He, Paula."
Sie sagte: „Ich mag dich, Paul." Sie dachte: Endlich hab ichs gesagt, und umarmte ihn und küßte ihn.
Sie spürte seinen Schwanz an ihrem Bauch.
Ihr fiel Marlene ein, wie die von ihrer Mutter und der Pille erzählt hat.
Sie rutschte ein Stück von ihm weg.
„Was hast du?" fragte Paul.
„Nix", sagte sie. „Ich hab grad an Marlene gedacht." – „Nicht an Marlene, an die Pille hab ich gedacht. Marlene wollte mir welche geben."
„Achso", sagte er und legte sich auf den Bauch. Sie hörte ihn atmen. Dann fragte er: „Und, hast du sie?" Sein Gesicht lag auf seinen Armen.
Sie überlegte „Ja" zu sagen und einfach so mit Paul zu schlafen.

Es war fast dunkel im Zimmer. Paula hörte das Summen vom Plattenspieler. Draußen fuhr ein Auto. Die Scheinwerfer beleuchteten einen Moment die Decke. Sie sah die Flecken an der Decke und die Sprüche an der Wand. Das Auto fuhr vorbei. Es war wieder dunkel.
„Nein", sagte sie. „Ich hab keine."
Er sagte nichts und lag immer noch mit dem Gesicht auf seinen Armen.
Sie sagten beide nichts.
Sie versuchte, die Sprüche an der Wand zu lesen, aber es war zu dunkel. Sie guckte zum grünen Lämpchen vom Plattenspieler, drehte den Kopf zur Seite und sah die Bücher von Paul im Regal. Sie dachte: Warum sagt der nichts? Er lag so weit weg von ihr und rührte sich nicht.
Sie fragte: „Hast du was?"
Er hob den Kopf und langte mit dem Arm zum Plattenspieler, drückte den Knopf und sagte: „Nö! Der blöde Plattenspieler geht mir auf die Nerven."
Sie sagte schnell: „Mit der Pille, das ist nicht schlimm. Ich krieg bald meine Tage."
Er antwortete nicht.
„Was hast'n du da?" fragte sie.
„Was schon! Pariser", sagte er verlegen.
Sie hörte, wie er die Schachtel aufmachte und sagte sofort: „Das will ich nicht, das will ich nicht!"
„Du bist verrückt, Paula." Paul fummelte weiter an der Schachtel, „Und wenn was passiert?"
„Es passiert nichts. Ich hab doch gesagt, ich krieg bald meine Tage." Sie hielt eine Hand von ihm fest. „Dann kann nichts passieren."
„Ehrlich?" fragte er unsicher.
„Ehrlich", wiederholte Paula und drängte sich dicht an Paul.
Sie küßten sich.

„Nie im Leben würde ich das damit machen“, hatte Paula zu Kiki gesagt, als sie hinter einer Parkbank einen gebrauchten Pariser liegen sahen. Sie hatten sich den Mann damit vorgestellt, und die Frau dazu, und hatten gelacht.
„Ach, naja, aber ohne ist es leichtsinnig“, hatte Kiki gesagt.

Ich bin nicht leichtsinnig, dachte Paula, meine Tage kommen bald. Das wußte sie sicher.
Die kommen unregelmäßig, dachte sie, vielleicht schon morgen.
Dann fiel ihr ein: Und wenn die erst in zwei Wochen kommen?
Na und, dachte sie und schob den Gedanken weg.
Paula drückte ihren Bauch an Pauls. Sein Bauch ist auch naß, dachte sie. Seine Finger streichelten ihre Musch.
Paula wollte aufstehen. Sich anziehen. Angezogen mit Paul hier liegen. Wie sonst. Quatschen und Musik hören und Honigbrote essen.
Paul war ihr zu nah. Sie machte die Beine zusammen.
Paul sagte leise: „Paula, ich hab Schiß ohne. Ich nehms doch.“
So wie Paul das macht, ist gar nichts dabei, dachte sie und streichelte ihn.

Sie spürte, wie er mit der Hand versuchte, seinen Schwanz in ihre Musch zu kriegen. Sie waren beide aufgeregt. Sie dachte, daß es weh tun könnte. Sie machte die Beine auseinander, bewegte sich hin und her, damit es leichter ging. Das war ein schönes Gefühl an ihrer Musch.
Dann traute sie sich, seinen Schwanz anzufassen.
Sie fühlte den Schwanz an ihrer Musch.
Jetzt ist es passiert.
Sie fühlte seinen Schwanz in ihrer Musch.

Paul und Paula bewegten sich, atmeten laut, hörten ihren eigenen Atem.

Es war anders als sie es sich vorgestellt hatte. Es hatte nicht weh getan. Es war warm. Fast heiß.
Sie war froh, daß alles so war wie's war. Daß sie Paul im Arm hatte. Wie sie's gemacht haben.
Sie waren naßgeschwitzt.
Er murmelte: „Es ging so schnell."
Er streichelte sie.
„Ich würde gerne stundenlang so mit dir liegen", sagte Paula.
„Können wir ja."
„Können wir nicht", sagte Paula. „Ich muß bald gehen."
Paula fiel ein, wie Paul am Anfang gesagt hatte: Ich will mit dir schlafen. Jetzt fand sie es gut, daß er es gesagt hatte.
Es war nicht einfach passiert.
Sie wollte mit Paul schlafen und sie hat mit Paul geschlafen.

Mutti, ich hab gefickt!

Mutti, ich hab mit Paul geschlafen.
Stell dir vor, ich habe gefickt. Zum ersten Mal in meinem Leben richtig gefickt.
Wir waren beide nackt. Wir haben geschwitzt und uns geküßt. Meine Musch war mit seinem Schwanz zusammen. Das ist ein irres Gefühl.

So würde ichs gern meiner Mutter erzählen. Wenn ich's ihr erzählen könnte. Und ich würde sie fragen, wie es bei ihr war. Und sie würde mir erzählen, was sie erlebt hat, wenn sie erzählen könnte . . .

Wir haben ja gar nicht geschlafen!

Ich hab Angst gehabt, daß Paula mich auslacht, oder Schlappschwanz sagt. Beinahe wäre es schief gegangen. Wegen dem Pariser. Ich hab gedacht, er steht nicht mehr.
Aber sie hat nicht gelacht. Sie hat ihn angefaßt. Mann, Mann, Mann!
Alles mal rauskommen. Alle mal herhören:
Ich habe mit einer Frau geschlafen. Das erste Mal. Ich habe mit Paula geschlafen. Ich bin jetzt ein Mann, versteht ihr, ein richtiger Mann.
Wir haben zusammen geschlafen. Wir haben nicht geschlafen. Wir haben gefickt.

Ein paar Wochen später

„Ich geh wahrscheinlich mit Paula ins Kino", sagte Paul.
Klette war am Telefon, fragte was er macht.
„Wie denn, was denn?" sagte Klette. „Die ist doch auf einem Fest mit Baumi."
„Was ist die?"
„Hat er mir jedenfalls gesagt."
„Mit Baumi auf einem Fest hast du gesagt?!"
„Ja'", sagte Klette. „Nimms nicht tragisch. Weiber sind so."
Paul legte auf und wählte Paulas Nummer.
„Das gibts doch gar nicht", murmelte er.
Ihre Mutter war dran.
„Ist Paula da?"
„Paula ist auf einem Fest. Sie sind vor einer Viertelstunde gegangen."
„Achso!"
„Hat sie dir das nicht gesagt?"
„Mir? Nein. Ja. Ist ja auch egal. Also, Wiedersehen."
„Auf Wiederhören, Paul."
Er legte auf. Blöde Tucke. Er blieb am Telefon stehen. Die Hand auf dem Hörer. Mit Baumi also. Ausgerechnet mit Baumi. Das hätte er sich denken können. Aus. Alle wußten es, nur er nicht. Scheiße!
Er knallte den Hörer noch mal auf die Gabel.
So ist das also. Er schmiß sich aufs Bett. Ihm war zum Heulen. Er sah, wie Paula mit Baumi eng tanzte, sah sie am Boden liegen und knutschen. Baumi, dieser eingebildete Affenarsch.
Ich bin ihr zuwenig, klar. Paul geht nur auf die Realschule.

Warum hatte er sich auch verliebt. Ich hätte mit ihr vögeln sollen, mehr nicht. So wie Steiffi. Der hat keine Probleme damit. Der nimmt, was kommt.
Er sah Baumi und Paula Hand in Hand über den Schulhof gehen und hörte Klette lachen. Klette lachte ihn aus.
Ich halt das nicht aus, dachte er. Ich hau ab. Ich schlag den Scheißtypen zusammen und hau ab. Irgendwohin trampen.
Er sah das Foto von Paula. Er riß es runter, zerknüllte es und warf es gegen die Wand.

Paul ging in der großen Pause nicht auf den Schulhof. Er wollte Paula und Baumi nicht sehen, das Kichern und Tuscheln nicht hören. Klette nicht begegnen.
Er hatte schlecht geschlafen. Hatte geträumt, daß er ins Café geht und alle sitzen am Tisch und keiner begrüßt ihn. Er setzt sich allein an einen Tisch ans Fenster. Er sieht Paula über die Straße kommen. Sie kommt ins Café. Alle am Tisch begrüßen sie. Sie geht auf den Tisch zu, beugt sich über Baumi und küßt ihn.
Paul hatte seinen Kopf auf die Arme gelegt und geheult. Er fühlte, wie ihn jemand im Haar kraulte. Paula, träumte er.
„Aufstehen, Paul!“ Es war seine Mutter.

Paula wartete nach der Schule auf ihn.
Er tat, als hätte er sie nicht gesehen und wollte an ihr vorbei.
„Hallo, Paul!“ Sie knuffte ihn, sah ihn an:
„Wie siehst du denn aus? Ärger gehabt?“
„Laß mich in Ruhe!“ Er stieß sie weg. Sie stolperte.
„Spinnst du? Was ist denn los mit dir?“
„Was soll schon los sein? Frag nicht so blöd. Sag schon, daß Schluß ist und daß du in Baumi verknallt bist.“
„Hast du nicht mehr alle?“
„Halt mich doch nicht für blöder als ich bin.“ Er starrte sie

wütend an. „Du warst doch mit Baumi gestern auf so einer Scheiß-Fete."
„Ja und!?"
„Alle wußten es, nur ich nicht."
„Kann ich doch nichts dafür", sagte Paula.
„Kann ich doch nichts dafür!" Pauls Stimme schnappte über. „Du bist gemein, eine gemeine Kuh bist du!" Er wollte sie nur noch beschimpfen. „Laß dich doch dämlich ficken! Hau doch ab!"
Fassungslos starrte ihn Paula an.
„Bist du verrückt geworden!?"
„Laß mich in Ruh!"
Der Bus kam. Er nahm seine Tasche und stieg ein. Er sah Paula. Sie soll kommen, dachte er. Die Türen schlossen sich. Sie schaute ihm nach. Dann sah er sie quer über die Straße in Richtung Café gehen.
Jetzt geht sie ins Café und trifft sich mit Baumi, dachte er. Ihm war kotzübel.

Er stieg bei der nächsten Haltestelle aus. Er ging in den Stadtpark. Es war saukalt. Er wünschte sich eine Lungenentzündung.
Warum begreift die nicht, daß mir das so gemein weh tut, dachte er. Wir haben doch zusammen geschlafen. Die kann doch nicht einfach zu einem anderen gehen.
Er hatte sich das alles so schön vorgestellt. Die Schule zu Ende machen und dann abhauen, mit Paula, in den Süden. Und jetzt haut die ab. Geht einfach ab mit Baumi.
Er trat gegen einen Stein.
Ich kapier das nicht. Warum macht sie denn alles kaputt? Vielleicht bin ich ihr zu schlecht im Bett. O Scheiße. Die kann mich doch nicht einfach im Wind stehen lassen.
Er ging zur Telefonzelle.
Ihr Bruder war am Apparat.

„Hallo, Paul!“
„Ist Paula da?“
„Nee, die ist noch nicht aus der Schule zurück.“
Im Café mit Baumi, dachte Paul. Paul weiß es.
„Sag ihr, daß ich angerufen hab.“
Er hängte ein.

Und Paula saß mit Baumi im Cafè.
„Wär schön, wenns so wäre“, sagt Baumi. „Für mich jedenfalls.“
„Mensch, sei doch mal ernst.“ Paula hatte ihm alles erzählt. Sie war sauer auf Paul. Der hatte ja noch nicht mal gefragt, hatte nur rumgebrüllt, nichts hören wollen. Blöder Typ.
„Und warum hast du ihm wegen der Fete nichts gesagt“, will Baumi wissen.
„Der braucht doch nicht alles zu wissen.“ Paula war gereizt. „Ist doch nichts dabei, oder?“ Sie machte eine Pause. „Aber irgendwie hab ich mir schon gedacht, daß der komisch reagiert.“
Baumi zog die Schultern hoch. „Tja, erste Liebe!“
„Was soll ich'n jetzt machen?“ fragte Paula.
„Red halt mit ihm.“
„Ich hab aber keine Lust, daß der mich wieder anrotzt.“
„Dann rotz halt zurück“, sagte Baumi.

Paul wartete auf Paulas Anruf. Konnte nichts machen als warten.
Paula mußte jetzt zuhause sein. Wahrscheinlich aß sie gerade. Er stellte sich vor, wie sie aß. Ruhig natürlich. Mit Appetit natürlich. Sie lachte natürlich. Daß es ihm schlecht ging, war ihr natürlich egal.
Oder war sie mit Baumi zusammen?
Es klingelte. Paul hob sofort ab.
Sie war es. Heiß fuhr es ihm durch den Bauch.

Cool bleiben, dachte er.
„Paul, ich muß mit dir reden."
„Warum?"
„Jetzt gleich."
„Ich hab keine Zeit", sagte er.
„Ich will dich sehen", sagte sie.
„Na, gut. Wo?"
„Kann ich zu dir kommen?"
„Okay. Bis gleich!"
Er legte sich aufs Bett und wartete.

Paula stand an der Wand. Er lag auf der Matratze und hatte sich auf die Ellbogen gestützt. Er rauchte.
„Kann ich mal das Fenster aufmachen?" fragte Paula.
„Nein. Mir ist kalt!"
Pause.
Paula setzte sich auf den Schreibtisch. Sie sah ihn an. Wußte nicht, wie sie anfangen sollte.
„Ich muß noch Schulaufgaben machen", sagte er.
Scheiße, dachte er, sie soll was sagen.
„Paul, wegen gestern . . ."
„Geschenkt", unterbrach er sie. „Ist eben so."
„Was ist so?" schrie sie. „Daß ich abhauen soll. Daß ich ne gemeine Kuh bin. Daß ich mich dämlich ficken soll? Oder was?"
„Nein." Er drehte sich auf die Seite. „Daß du jetzt mit Baumi gehst. Paul ist out, futsch, weg!"
„Du spinnst doch!"
„Wieso?" sagte Paul und guckte hoch, „ist doch so, oder?"
„Was ist so? Ich war gestern mit Baumi auf ner Fete. Und? Wir haben getanzt. Ja! Na und?"
Paul hatte hingehört. Jetzt kam er sich blöde vor. Sie war mit Baumi auf ner Fete. Na und?! Und sie haben getanzt. Na und?! Eifersucht, dachte er.

„Und warum haste nichts gesagt?“ fragte er, immer noch mißtrauisch.
„Ich hab nicht dran gedacht.“
„Das ist doch Quatsch!“ sagte Paul. „Klette hats gewußt. Deine Mutter und alle. Nur ich nicht.“
„Wir sind ja nicht verheiratet, oder?“ sagte sie.
„Biste mit Klette auch nicht, oder?“ sagte Paul.
„Ich hab schon daran gedacht“, sagte sie. „Aber was hätte ich denn machen sollen? Dirs vorher sagen? Da wärste vielleicht sauer geworden. Dich fragen, ob ich gehen kann? Das ist blöd. Das ist ja wie um Erlaubnis fragen. Und dann hab ich mir gedacht: Gehste einfach. Weil ich auch Sachen alleine machen will.“
„Gehen wir zusammen oder nicht?“ fragte er.
„Ja, aber deswegen kann ich doch mit'm Freund auf ne Fete gehen, oder?“
„Mit'm Freund! Mit deinem Freund Baumi!“
„Ja und?“
„Und was bin ich dann?“
„Du bist mein Freund“, sagte Paula und sah ihn an.
„Und ich hab dich lieb.“

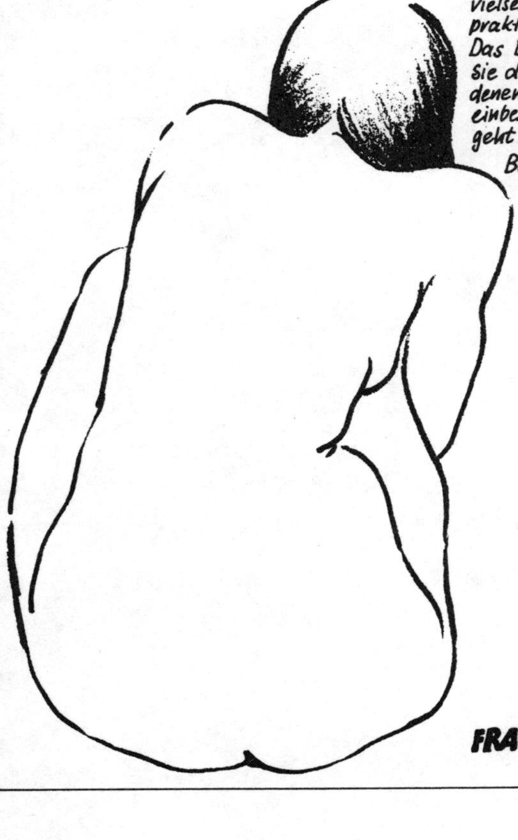